【巻頭言】

市民セクターが挑む、社会的孤立の抑制・解消への道程

― 市民セクター自身の「社会的孤立」を超えて ―

リズム研究所 運営委員長
岡本仁宏

○ 社会的孤立と「個人としての尊重」

一人でいることと、社会的孤立とは、違う。

私たちは、一人でものを考えたり仕事をしたりする時間は重要だし、誰かに干渉されずに自分の人生を決める一人であるということも重要である。一人で静かに悲しみに浸る時間も、深く喜びをかみしめる時間も、必要だ。

けれども、社会的孤立は、周りから排除されたり、つながりを持つ機会を奪われ、誰にも関心を払われず孤立し、ついには人とのつながりを持つ意欲すら失っていく、一連の姿を意味している。継続的に攻撃されたり、傷つけられたりしても助けが得られない、そしてそんな中で人との関係を持つことを恐れざるを得なくなる場合もある。ほとんど物理的に攻撃され排除され、隔離され閉じ込められる場合もあるし、心理的に攻撃され排除され隔離され閉じ込められる場合もある。

現代日本で起こる、様々な領域の社会問題が、社会的孤立と関連している。否、たんに「関連している」、という以上の強い結びつきがある。貧困、差別、虐待、流浪、自殺、といった身近な生活の場での問題は、すべて社会的孤立が原因でも結果でもある、と言って言い過ぎではない。社会的孤立を見出せば、そこには必ず他の重要な問題があるし、生活上の重要な問題は必ず社会的孤立と関係している。

○ コミュニティの再生、という「解決策」

社会的孤立が問題だという場合、つながりを作る、コミュニティを再生する、といった「解決策」が出されやすい。この点で、本誌のもととなった一連の研究会で明らかになった二つのことは、少なくとも確認しておきたい。

ひとつは、前提として、「つながり」の中で、「コミュニティ」の中で、排除されてきた側面に目を向けなければいけない、ということである。月に 150 時間を超えるような過労死の労働現場には、人を追い詰める「つながり」や「コミュニティ」がある。性的少数者を異常として排除するのは、学校の「仲間」や「教師」、家族の「つながり」であるかもしれない。外国人を排除するのは、日本人という「コミュニティ」であったりする。

だからこそ、前提に憲法第 13 条の「個人として尊重される」という基本的人権の視点を省いてはいけない。一人ひとりが、「個人として尊重される」ために、いかなる「つながり」や「コミュニティ」が必要かが問われている。時には、既存の「つながり」や「コミュニティ」からの救出が先決であり、そのうえでいかに別の新しい「つながり」や「コミュニティ」を作るかが課題となる。社会的孤立で苦しんでいる当事者に向かって、上（外）から「もっと外に出よう」というのではなく、迎え入れられる場＝社会を作ることこそ、我々の課題でなければならない。

もう一つは、豊かな「つながり」や「コミュニティ」を蝕み圧力をかけている背景にあるものを視野に入れなければいけない。虐待やいじめを発生させる土壌を把握しなければならない。排除のメカニズムを発動させる背景、それはしばしば、大きな政治・行政・経済システムの構造的問題もあるかもしれない。それらを無視して、安易にコミュニティの「再生」を望むことは、現場の過度な頑張りを押し付け、新たな抑圧と排除に帰結するだろう。

もちろん、大きなシステムが変わればすべてが変わるというような楽観はあり得ない。けれども、法制度や資源の流れの優先順位の改革を、具体的な現場の奮闘から学ぶことによって構想しなければならない。創意あふれる現場の実践は、しばしばその現場を越えてシステムを変容させる力を持つ。

○ 市民社会セクターの連携にむけて

市民社会セクターの社会を変えるチャレンジが必要だ。個々の社会的孤立の課題を解決するために、市民セクターの連帯を意識的に作り上げることが必要ではないか、と考えて、私たちはこの研究会を始め本誌という成果を生み出した。個々の社会的孤立の課題には、それぞれの専門性をもち日々献身的に取り組むNPOや研究者たちがいる。それぞれの問題は奥深く、安易に「わかる」こと、「答えを出す」ことを許さない。しかし、本誌では、あえて横断的に問題を取り上げてその共通の問題状況と課題を析出させたい。その過程によって、社会的孤立の問題とたたかう市民社会セクターの連帯が生まれることを期待したい。

目次

第1章
子どもの
貧困と孤立

子どもの貧困というテーマ
～ＣＰＡＯの活動　これまでとこれから

ＮＰＯ法人ＣＰＡＯ 代表、大阪子どもの貧困アクショングループ 代表
徳丸ゆき子

【キーワード】●貧困の自己責任論　●生存と経験の機会保障の具体化　●子育ちの社会化

1.「最後におなかいっぱい食べさせられなくて、ごめんね。」～「助けて！」がいえない社会への疑問

2013 年 5 月 24 日、大阪市北区のマンションの 1 室で、母と子(当時 28 歳と 3 歳)の遺体が発見された。死後 3 ヶ月が経ち、母子ともに一部、白骨化していたという。部屋の電気やガスは止まり、ガスの請求書が入った封筒の裏に、えんぴつで書かれた遺書のようなメモが残っていた。親子はこのマンションに、夫からの暴力が原因で別の市から逃げてきていた。夫からの追跡があってはいけないと、実家にも逃げた先の住所を知らせず、住民票も移していなかった。部屋の電気やガスは止められ、めぼしい家具や冷蔵庫、部屋にも食べものはなく、生活に困窮し、餓死した可能性が高いとみられている。

この事件の翌日、子ども支援関係者とともに「大阪子どもの貧困アクショングループ（Child Poverty Action Osaka 通称 CPAO／しーぱお)」を立ち上げた。自分たちが何をしたいのか、何ができるのかなど、具体的には全く決まっていなかったが、子どもが巻き込まれる「悲劇を繰り返したくない」、こんな事件は氷山の一角、裾野にはどれだけの親子がこんな状況に置かれているのか分からない、「答えはないけど、行動しよう。」そうした思いだけで活動は始まった。当初、仲間ともっとも長く時間を費やして話したのは、そこまで困窮していたのに、「なぜ、助けてって言わなかったのか？」ということだった。

【図１】「シングルマザーたち 100 人がしんどい状況について話しました」報告書

話し合いを重ね、実態を知らなければ必要な支援はできないと考え、まず冒頭の事件を念頭に、半数以上が貧困状態に置かれている、ひとり親世帯、特にシングルマザー親子がどういった状況で生きているのか、その実態を知ることから始めることになった。国際協力NGOセーブ・ザ・チルドレン・ジャパンとの協働により、「シングルマザーたち 100 人がしんどい状況について話しました」という聞き取り調査を行った。「現在、困窮している」、または「かつて、困窮していた」というシングルマザーの方々に、過去・現在・未来ということで、彼女ら自身の子ども時代、どんな親の元、ど

んな環境で育ったのか、結婚の最中に何があったのか、離婚に至った理由、そして、今、何に困っているのか、何があれば助かるのか、というニーズを、一人最低2時間、あまりにもたくさんの経験がある方には２時間×3回と、一対一でお話を聞かせていただいた。そこから、精神的にも経済的にも厳しい状況に置かれている数多くの親子と出会い、それを契機として、主にシングルマザーの方々を対象に、相談事業、行政や司法機関への同行、家事や育児のサポートなどを行うようになった。そして、彼女らが先述の疑問、「困った時に助けを求めない」ことへのヒントを与えてくれた。

「母親も父親もお金ないですし、私、人に相談しないので、今もそうです。小さい時に甘えたことがないので、人とか親に甘えるっていうやり方がわからないのと、甘えようとできない状態が自分の中にあると思います」、「ガスが止まってガス屋に電話したら、１年間タダにしたるから、夜付き合えって言われたりとかあったよ。セクハラも何度もあるから怪しいとすぐ疑ってしまう。だから、言えないんじゃなくて、言わへんねん」。外で子どもが眠たくてグズると「あんな若い子が子どもを産んで虐待すんねんで。」と年配の女性に言われ、自宅から出られなくなった。子どもが泣くと、児童相談所や警察に通報されると、「子どもの口をタオルでふさいでいる。」という方もおられた。SOS が出せないのは当事者だけの問題なのだろうか。困窮し、SOS を出してくれる方々のほとんどが、子どもの頃から、結婚をしてから、自身のこと・両親のこと・元夫のこと、子どものこと、仕事のこと・お金のこと、様々複雑に絡み合った問題を一身に抱えておられるのだ。

シングルマザーの８割が、働いていながら、しばしば仕事をいくつも掛け持ちしていながら、経済的に困難な状況から抜け出せない、ワーキングプアの状況にあるのは、彼女らだけの問題なのだろうか。家庭内暴力（DV）から逃げ、何のケアもなく、子どものためと休みなく働き、身体を壊してもそれは自己責任なのだろうか。話を聞けば聞くほど、疑問が浮かんだ。

2．貧困の連鎖は「自己責任」か？～「まずは、ごはん！」子どもたちの生存保障、経験の機会を具体化する

団体立ち上げ半年後の 2013 年 12 月からは、月１回の子ども食堂、長期休みごとのキャンプといった自然体験、クリスマスなどのイベントなど、場所や対象を変えながら、子どもたちへ様々な機会を提供したいと活動してきた。2014 年からは大阪市生野区に拠点を構え、地域の子どもたちのニーズを受け、週3回の食事提供（ごはん会）を行い、四季を通しての自然体験（古民家、里山、山や川や海）も拡充し、農山村地域の方々との連携をすすめ、保護者（主にシングルマザー）の家族同士の交流の場を提供してきました。現在も週３回、子どもたちと「まずは、ごはん！」を中心とした活動を展開する中で、親が親になれないというしんどい状況にある様々な親のもとに暮らす子どもたちとも出会うようになった。そんな子どもたちは、親もがんばっている、仕方ない、それしか知らない、と、お腹をすかせ、季節に合わずサイズの違う服を着ていたり、身の回りの世話をしてくれる人もおらず、さびしい思いをしていたり、ガマンばかりしている姿が見えるようになってきた。「クサイって、いじめられてる」、「お前んち、ビンボーやから遊ぶなって言われてる」と、私たちの居場所に泣きながら来る子どもたちもいる。

【図２】里山での自然体験

特に週末、月末、長期休みになると、子どもたちはお腹をすかせていることが多い。さらに電気やガスが

止まり、暗い部屋の中で過ごしていたり、お風呂に入れなかったり、中には水まで止まり、公園に汲みに行ってなんとか過ごしているという子もあった。主にシングルマザーからのSOSは全国から、毎日のように悲鳴ともいえる声が届く。もっと早く声をあげてくれればと思うことも少なくない。生活に困窮する人々には、自己責任という冷酷な言葉が深くしみ入り、「自分で何とかするしかない」と思い込み、ギリギリまで声をあげてくれない。調査で話してくれたシングルマザー、彼女らの声を思い出し正しく言うならば、声をあげないのではなく、社会のまなざしの厳しさに声をあげられずにいたり、あきらめたりしているのである。本当に困窮されている方というのは、「誰も頼る人がいない」、「グチ一つ言える人がいない」と孤立している方々ばかりだ。その親だけに養育責任が重くのしかかることで、さらにその下にいる、どこに声をあげればよいのかさえ分からなくて、一般的な暮らしを知らず、今の生活を当たり前と思っていてがまんするだけといった、弱い立場に置かれる子どもたちにしわ寄せがいくのだ。

親自身も子どものころから貧困や暴力の中で生きてきたといった地続きにある方も少なくない状況がある。親が親になれない、家族が家族の体をなしていない、そんな親のもとに暮らす子どもたちに、私たちは親や、家族がわりにはなれないかもしれない。しかし、誰かが具体的に家事や育児をサポートするしかない。子どもの頃からの不利は、生涯に渡り負の影響を及ぼす。栄養が足りなければ、健全な発達が奪われ、勉強があまりに遅れていれば、進学や就職にも支障をきたし、収入にも影響を及ぼしたりとしていくことになろう。また世代を超えた不利は負の連鎖として次世代へと継承されていく。そんな現実を目の当たりにし、「子どもは社会で育てよう」、「地域で見守ろう」そんな耳あたりの良い言葉だけでは子どもたちは救われないことを知ったのだ。具体的にどうすることが地域や社会で子どもの育ちをサポートすることなのか。見守るという言葉だけでは抽象的すぎると考える。子どもをただ見ていたらいいのかというとそうではない。親がいて、そのもとにいる子どもたちを、民間の私たちが勝手に育てるということもできない。子どもを中心にして、親も親だけ、母親だけでなくていい、地域や社会と共に、子どもたちが本来持っているチカラを発揮できる環境を提供すれば良いのではないか。

答えはないだろう。だが、言葉を具体的にしていくために、出会った子どもたちに、「まずは、ごはん！」を中心とした活動とともに、半年に１回、「何か困っていることはある？」、「して欲しいこと、サポートが必要なことはない？」、「もっとしたいことはない？」、といった一人ひとりの想いを聞かせてもらっている。私たちの活動の特徴は、子どもたちのニーズに応じて展開するスタイルである。全国からの資金や物資提供、ボランティア協力をくださる方々とともに、子どもたちに週３回の安定した食事を提供できるようになると、子どもたちは次第に、「何かもっとやりたい！」という意欲が高まってくるのだ。さらなるニーズに応えるために、くらぶ活動としてピアノや写真、料理、お菓子作り、自然体験（キャンプ、畑、釣り、昆虫育成など）と、様々なことに取り組み、子どもたちに多様な機会を提供してきた。しかし、子どもの成長や発達に不可欠な衣食住、愛情や教育といった基本的な生活がままならない子どもたちにとっては、この様な一時的なプログラムだけでは彼らのニーズを満たすことはできなかったのである。

そこから、お泊り会やサマーツアー（１週間の共同生活）、年末年始年越しツアー（３泊４日）など、寝食を共にし、規則正しい生活をするといった一般的な生活を送る体験を行ってきた。子どもたちの変化として、「CPAOにおったら平和や。」といった発言など、具体的に暴力・暴言が減るといった好い影響があったことから、実験的に週末農山村留学といった取り組みも始めている。これらの活動はすべて従来の福祉外の自主事業であるからこそ、多様なニーズに応え、活動を展開できるものと考えているところだ。

【図３】CPAO の拠点「たつみファクトリー」

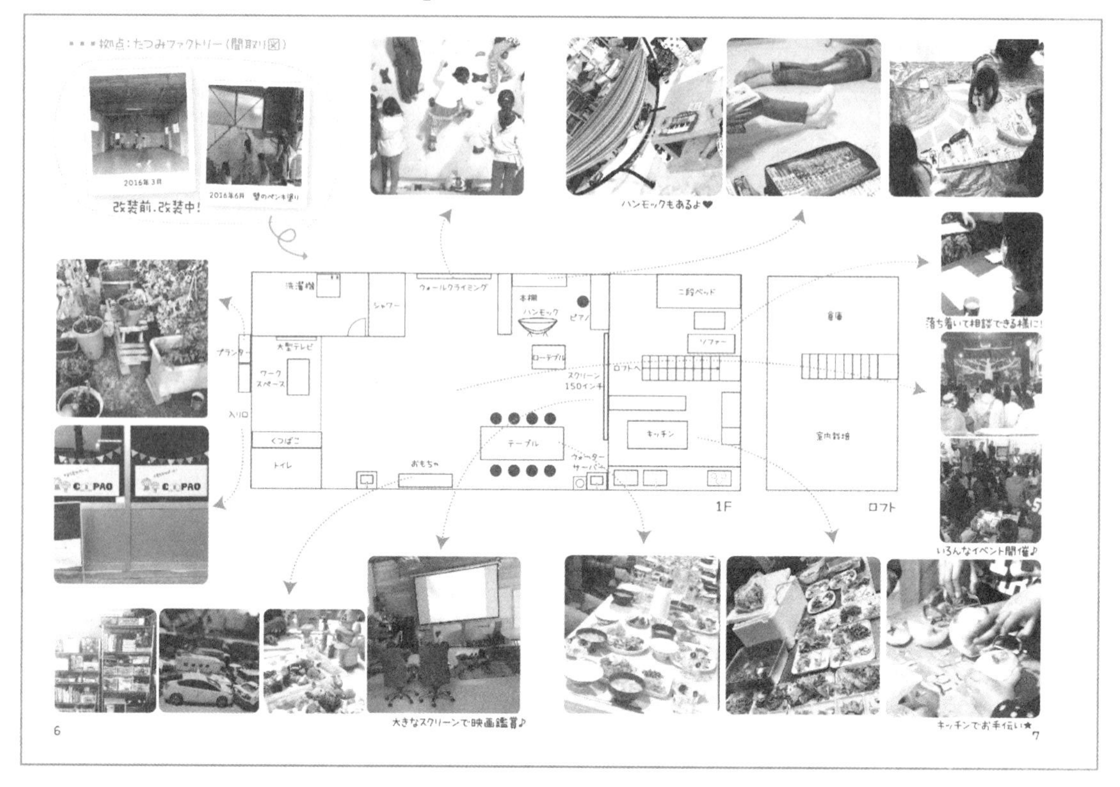

これから先に、子育ち（育児）を親だけの責任とせず、多様な人が集うコミュニティの中で、子どもの生活を暮らし丸ごと、ニーズに応じてサポートしていきたいと考えている。これまで関わってきた子どもたちの中には、地域や学校や自宅にも安心できる居場所がなかったり、自由に過ごせる場所がなかったりといったものも少なくない。そういった子どもたちには、「団体里親型」の週末農山村留学として、金曜日の下校時から日曜日の夕方まで、農山村地域で多様な人たちや自然の中で自由に過ごせる環境をつくり始めている。

現在の一般的な山村留学といえば、主に寮型、移住型、里親型があるが、寮型は費用が比較的高く実施校も少なく、移住型は家族全体での山村への移住が必須となり、ハードルが高く、実際には行動に移しにくいのが実態である。また里親型は地域の高齢化に伴い、現在では減少傾向にある。

私たちが「団体里親型」としたのは、農山村留学を里親型で行う場合、閉鎖的な関係性にならないためにも、多様な人たちとの風通しのいい関係性や場をつくりたいと考えているからだ。

現在、養育責任が親だけに重くのしかかっている「孤育て（こそだて）」に関連して、週末に子どもが農山村に出掛けることで、親もリフレッシュできる機会となり、また子どもたちが自宅に帰ってきたときには、親にも新たな気持ちで彼らと向き合ってもらいたいという狙いもある。都市部と農山村地域の交流、子育ちを支え合おうという多様な人たちと自然の中で、子どもが本来持つチカラを取り戻したり、発揮したりできる取り組みが、私たちの考える「団体里親型農山村留学」なのである。週３回のごはん会という、子どもたちの生活の一部であった活動を拡げ、ニーズに応じて、「生活をまるごとサポート」していきたいと考えている。

都会での日常から離れ、多様な人や自然の中で過ごす時間を多く持つことにより、子どもたちが本来持つチカラを発揮し、心も身体も健やかに育つようになることが目標である。必要に応じて、「団体里親型農山村留学」を子どもやその親が利用できるようにすることで、関係性の貧困ともいわれている貧困や虐待、負の連鎖といった問題解決の一助となることを目指している。

3．「子育ちの社会化」～子どもとその親　生存と生活を丸ごとサポートできる社会を目指して

また、このような子どもたちの生活をサポートする、「出会った目の前の子どもたちをなんとかする」といった活動だけでなく、地域のNPO関係者や様々な専門分野の大学関係者とともに、子どもたちを社会全体で育てる仕組みづくり「子育ちの社会化」の模索も始めている。2015 年秋、まずは地域の現状把握のため、生野区内の小中学校に子どもが通っている親たちに対するアンケート調査を行った。特筆すべきは、自由記述欄に多数の保護者の方々が記入してくださったことだろう。「共働きで必死に働いても、子どもの教育に充分な費用を稼ぐことができない」「育児・教育に必要なお金を稼ぐのに精一杯、すると子どもと過ごす時間がなくなる」「思春期の子どもとの関係に悩んでいる」「子どもに対する社会の目が冷たくなっている中で、子育てが難しくなっている」と、切実さの感じられる内容の記述が多くあった。このアンケートの集計と分析を発端に、2016 年には「生野子育ち社会化研究会」を立ち上げた。調査・研究・実践・評価・モデルづくり・政策提言を３カ年かけて行い、大阪市に提出する予定である。地域や社会で子どもたちに何ができるのか、何が必要なのか、具体的な方法と費用、例えば人件費・食材費・固定費がどれぐらい必要なのかを明らかにし、民間ができるところ・行政が制度にしないと継続ができないといったことを合わせて提言していきたいと考えている。

【図4】「生野子育ち社会化研究会」キックオフイベント

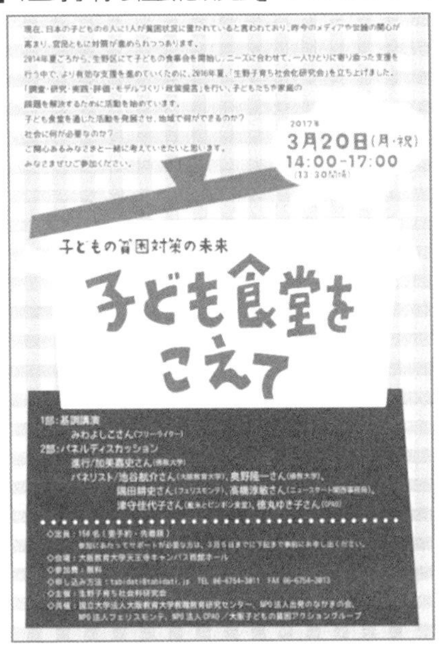

これまで大阪市生野区の拠点において、子どもたちの生活をサポートする居場所づくりを進めてきた。具体的には、週３回の「ごはん会」に加えて、子どもたちはシャワーに入ったり、洗濯した服や翌日の食事を持ち帰ったり、宿泊するなど、一般的な居場所機能だけでなく、子どもたちの生活に一歩踏み込んだ支援も行ってきた。学校や地域や自宅で気持ちをコントロールすることが難しいといった子どもたちも活動中は穏やかに過ごせたり、暴力が軽減したり、学習意欲の高まるといったことが見られるようになった。しかしながら、居場所で過ごす時間は子どもたちの生活の一部にとどまることから、日常生活に戻ると、また気持ちのコントロールが難しくなるといったことも見受けられた。子どもの貧困における真の問題は、親の様々な理由により、「暮らしの安定」や「他人への信頼」を経験できないことにあると考えている。一般的な家庭においてあたり前とされていることが欠如したまま育つ子どもたちの将来、未来に渡る不利益は計り知れない。「話しを聞いてくれる」「一緒に問題を解決してくれる」「自分に寄り添ってくれる」、そんな誰かがいるという実体験は、人生の中で問題が起きた際に、助けを求め

るチカラを生む。特に子どもたちの成長発達に欠かせない、暮らしを安定させるために、家事育児をサポートする生活支援の視点が、経済的な側面だけでなく、子どもの貧困対策には不可欠だと考えている。

【図5】週3回のごはん会「まずは、ごはん！」

自分自身もひとり、孤立した子育てをしながら仕事に家事に追われる一人の親だった。子どもと仕事＝経済的な問題を常に天秤にかけ、何かを犠牲にしなければならない生活が嫌になり、団体を立ち上げたという背景がある。生きていれば誰しも色んなことが起きる。そんなときに顔が浮かび、連絡すれば駆けつけ、ただ横にいてくれたり、話しを聞いてくれたり、ごはんを食べたり、一緒に問題を解決しようとしてくれる人がいれば、なんとか生きていけるかもしれない。誰にも寄り添ってくれる人が必要なんだ。それは私でなくてもいいし、心ある人はたくさんいる。また人と人をつなげていくことはできるかもしれない。

実際には、目の前の出会った子どもたちにもなかなか出来ることは少なく、活動をすればするほど自分の力不足を知るばかり。しかし、出会った心ある方々と共に支え合いながら、子どもの暮らしを何とか安定させるための活動と、目の前を何とかすることで見えてきたことを社会化していく、運動の両輪でこれからも地道に活動を続けていきたい。

「子どもの貧困」という隠蔽

― 釜ヶ崎の社会史から、格差と資本の構図に ―

関西学院大学大学院 人間福祉研究科
教授　桜井智恵子

「子どもの貧困」というキーワードを取り出し問題化することにより、子育て支援や学力保障という個別救済を中心に政策が進行している。「子どもの貧困」が注目され、子ども支援が広がっていくのとは裏腹に、そもそも貧困がなぜ生まれ広がっているのかという原理的な研究はなかなか見られない。なにが貧困を広げ、固定化させているのか。企業利益増大や資本の構造、それらを支える形で回っている統治の方法としての教育や社会保障までいかに見通すのか。

歴史に学び、現実と思想を往復しながら、子どもの貧困の原理的問題を考察する。都市における「子どもの貧困」の原点として高度経済成長期の釜ヶ崎をとりあげる。その貧困をつくりだす構造はそもそもどこにあったのかについて考察する。社会保障や救済の視点をスタートに考えるのではなく、貧困を社会全体との関係でとらえなおし、どのような問いの立て方をしたら「子どもの貧困」が問題化されるのか、あるいは何が問題化されていないのかを明らかにしたい。

【キーワード】●子どもの貧困　●資本　●釜ヶ崎　●学習支援　●周辺化

１．問題の所在

2000 年代から新たな貧困として「若者の貧困」「ワーキングプア」などが問題化され、同様に「子どもの貧困」が「発見」されてから、一躍ブームとして取り上げられ、政策の上でも目玉として展開してきた。以降、研究の分野でも子どもの貧困研究は一定の注目を浴びてきた。いったい貧困研究とはなんだろうか。

「子どもの貧困」というキーワードを取り出し問題化することにより、処方箋はその延長線上に浮かび上がる。子育て支援や学力保障という個別救済につながれ、対象を子どもや子どもの親と位置づけることで、政策が進行している。市民社会では「子どもの貧困といえば 6~7 人に一人」という言説は広く流布・常識化した。何かできることはないか、ならば居場所づくりを、子ども食堂をと心ある市民たちは活動をあちこちで始動している。それらの活動は貴重で、子どもたちの喫緊の食や空間を準備しつつ、一方で政治に動員される状況にもなっている。なぜ、子どもがそういう状況に落とし込まれるのかという問題の核心自体が、回収されてしまうからである。

「○○の貧困」という扱い方を「冠貧困」と鋭く指摘し、問題を矮小化し、それ自体が政治的と貧困研究の一部では批判されている。しかし、「子どもの貧困」が注目され、ニュース化され、子ども支援が広がっていくのとは裏腹に、そもそも貧困がなぜ生まれ広がっているのかという原理的な研究は圧倒的に少ない。なにが貧困を広げ、固定化させているのか。企業利益増大や資本の構造、それらを支える形で回っている統治の方法としての教育や社会保障までいかに見通すのか。

島和博は、いわゆる「いじめ問題」の問題化についてその虚構を指摘する。「『いじめ問題』としての問題化は、真に問われるべき問題、すなわち、私達の社会の基底的リアリティである、支配／被支配と差別／被差別の過酷なリアリティ、を非問題化することによってはじめて可能となった」[1]という。本稿では、歴史に学び、現実と思想を往復しながら、子どもの貧困の原理的問題を考察する。社会保障や救済の視点をスタートに考えるのではなく、貧困を社会全体との関係でとらえなおし、どのような問いの立て方をしたら「子どもの貧困」が問題化されるのかを問おうとする。現状の「子どもの貧困」という問題の立てられ方により、本質的に問題化されていないのはいったい何なのかを検討したい。

まず「子どもの貧困」の問題の立てられ方を整理し、現在の論点の状況をみる。その上で、個別救済におおむね総括されている「子どもの貧困」への対応について把握する。さらに、都市における「子どもの貧困」の原点として釜ヶ崎の社会史をとりあげる。その貧困をつくりだす構造はそもそもどこにあったのかについて考察する。貧困をつくりだす構造はさらに強化され、現在に至っていると思われるからである。最後に「子どもの貧困」をクローズアップすることにより、何が問題化されていないかについて取り出したい。

2.「子どもの貧困」の問題化

（1）勤労世代の貧困

2009年から厚生労働省は貧困率[2]を公表した。日本ではすでに1985年に子どもの貧困率は10.9であったが、1990年代初頭のバブル崩壊以降の悪化は著しかった。この調査により、一人親家庭の貧困の問題が顕在化した。2011年の全国母子世帯等調査によると、母子世帯の平均年間収入は223万円であり、主要国の中で生活状態が最低ランクであることがわかった。

いっぽうで、子どもの貧困率と一般世帯における貧困率（相対的貧困率）を並べ、推移をみると連動しており、むしろ勤労世代の貧困率の悪化が子どもの貧困をつくりだしていることが明らかである。

【図1】ひとり親家庭の相対的貧困率

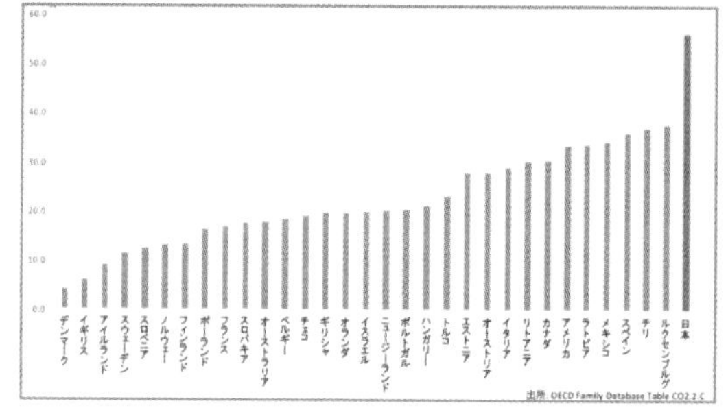

出所：OECD Family Database Table CO2.2.C

さらに、男女差別的な雇用と賃金、それを是正しようとしない社会保障、温存する家族規範などの制度と価値観の両面から、その勤労世代がシングルマザーを追い詰めてもいる。

すなわち、子どもの貧困は子ども固有の問題ではない。「子どもの貧困」という問題の立て方は、まずは社会保障と市民社会の価値観が抱える問題を見逃す傾向をつくる。

【図2】一般世帯における貧困率と子どもの貧困率の推移

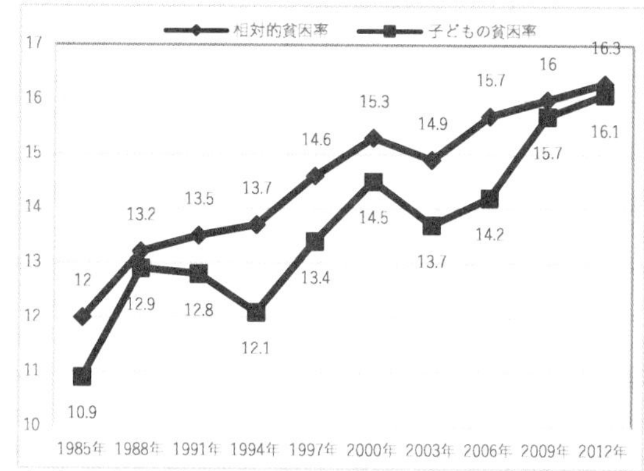

出所：厚生労働省（2011、2014）「平成22年、平成25年　国民生活基礎調査　結果の概要」

では、子どもの貧困対策はどのように展開しているのだろうか。

---

[1] 島和博『現代日本の野宿生活者』学文社、257頁、1999年。

[2] 「国民生活基礎調査」を基に等価可処分所得（世帯所得を世帯員数の平方根で割る）の所得中央値を貧困線とし、下回る所得割合を「相対的貧困率」とした。

（2）「子どもの貧困」対策としての学習支援

2014 年から施行された子どもの貧困対策法では、以下に示すような対策が中心となっている。①教育の支援　②生活の支援　③保護者に対する就労の支援　④経済的支援　⑤その他　子どもの貧困に対する社会指標の体系的収集、調査・研究。

近年の特徴は、子どもへの「支援」というカテゴライズであり、子どもの貧困対策として、自立支援プログラム、学習支援・居場所づくり支援事業などが施策のスタンダードとなっている。個人への自立支援という枠組みが強固になっている。

大人の貧困層に対しては、就労自立を唱え不安定な労働市場への放出が常態化してきた[3]。2000 年以降、政府や各自治体の社会保障費削減を、自立するなら支援するという「自立支援」政策にすり替え広がってきた。子どもの貧困対策も、教育における自立支援版として、すでに自己責任モデルで展開してきた教育分野と連動させ進行している。子どもの貧困は学力格差が問題、と学力保障が強調され続けている。

「大阪府子ども総合計画」(平成 27 年 3 月)をみてみよう。

「子どもの貧困対策の方向性」「具体的取組」は、次のようになっている。「学校をプラットフォームとした総合的な対策の推進」として、学校教育による学力保障、学校と福祉等関係機関との連携、地域における学習支援などである。

学力保障の機会が与えられ、頑張った子どもは報われる政策である。「学歴は学力によって決まる部分が大きいから、不平等の存在自体は業績主義によって正当化される。しかし当該の学力自体が本人の能力や努力によって決まるのではなくて、それ以外の要因によって決定付けられるとすると、業績主義自体が崩壊し、現存する不平等を正当化することができなくなってしまう。子どもの学力が親の収入の影響を受けていることはすでに実証されている」[4]。学力保障は業績主義に支えられ、教育状況や労働市場の地位に結びつき、逆説的に社会的排除を再生産している[5]。しかし、不平等の存在自体は業績主義により正当化されている。すべてが公的に抱え込まれた上で、自己責任として切られていく今日の状況に対し、自立支援施策や学習支援という市民社会からの保護や包摂もある。

貧困支援＝学習支援とみなす対応は、教育現場では 1960 年頃から広がってきた。これは、次章で確認したい。しかし、学習支援を解決策と考えてきた阿部彩（2011）も「社会保障実態調査」をもとにした大規模データを用いて行った調査からは、教育投資のみによる貧困の世代間連鎖の解消は不可能であるとの修正を示した。「子ども期の貧困の影響の一部は，低学歴・非正規労働・低所得という一般に考えられる経路を介したものであったが，それ以外にも，子ども期の貧困の直接的な影響が確認された。この度合いは、Oshio,et al.（2010）の推計よりも小さいものの，4%から 55%と推計された。このことは，教育投資のみによる貧困の世代間連鎖の解消は不可能であることを示唆している」[6]。

それでは、子どもの貧困、すなわち親たちの貧困はいかにつくりだされたのであろうか。貧困をめぐる都市化と農村問題は通底しているが、全国から集まった働き手がいかに貧困構造の中に取り込まれていったのかを戦後の釜ヶ崎の歴史から整理していきたい。

3.「子どもの貧困」以前～釜ヶ崎の不就学児童

（1）労働運動の新しい視点

横山源之助は、貧民ルポルタージュを試み、社会学の古典である『日本の下層社会』（明治32年）で劣悪な労働状況を実証的に明らかにした。彼は、日清戦争を

---

3 桜井智恵子「支援という包摂－自己責任への主体化」『at プラス』30 号、2016 年。
4 武川正吾「いまなぜ、子どもの貧困か」『世界』891 号、64 頁、2017 年2月。
5 桜井智恵子『子どもの声を社会へ－子どもオンブズの挑戦』岩波新書、2012 年。
6 阿部彩「子ども期の貧困が成人後の生活困難(デプリベーション)に与える影響の分析」国立社会保障・人口問題研究所『季刊社会保障研究』第46 巻4 号、365 頁、2011 年。

きっかけに社会の尺度に変化があったことを「日本の社会運動」という論文で述べた。「今一層我が平民社会に教育普及せば、今日の如く政治家者流のなすがままに平然たるべきにあらず」と下層社会の社会問題の解決は国民教育の普及にあると述べている。これは、この時期の社会・労働運動で捉えられた新しい視点であった[7]。

日清戦争の結果、勃興した機械工業は労働問題を引き起こし、労働運動が起こった。社会・労働運動は、明治30年代にその展開をみる。それは、日清戦争後の社会問題のたかまりに対する社会改良の動きから形成され、労働運動では権利保障の獲得がその目的とされた。

明治初期の社会主義の人々は、国民を教育するのは国家の義務であり、教育を受けるのは国民の権利であると考えた。それは、スタートにおいて教育の機会から外されている貧困層の子どもたちとその生活の現状改善のために発想された論理であった。貧富の差と教育の関係が意識され、教育を経済的平等実現のための手段とみなしたのであった。明治期の社会・労働運動によって、生活の改善のために要求された教育は、やがて教育権として成立した。運動側の目的は生活の改善であった。しかし、時代の流れの中で教育の目的は学力を子どもにつけさせるという学力保障に移行していくことになった。生活改善が近代の「教育化」に回収され、学力保障として一般化してゆくのである。生活改善が学力保障へとひきよせられる戦後のケースとして、釜ヶ崎の子どもの社会史をとりあげておこう。

（2）高度経済成長期・釜ヶ崎と子ども

戦災による被害を受け、敗戦直後は大阪・釜ヶ崎の木賃宿街はほとんど壊滅状態となっていた。ドヤ街としての釜ヶ崎が再生したのは、1950年代である。

高度経済成長期の入り口に、港湾・海運資本に対し柔軟かつ迅速な労働力を供給する合理的な労働力供給システムとして、手配師や飯場が採用された。早朝にトラックでその日に必要な労働者を確保するというシステムである。労働時間や加重労働、ピンハネなどを含め手配師による暴力やリンチも横行し亡くなる者もあった。資本にとっての経済合理性とは、労働者にとってみれば、きわめて不条理な暴力と搾取の経験であった[8]。

1950年代後半から60年代にかけて、高度経済成長とともに港湾を経由する荷物の量は急激に増大した。必要とされる労働力の量も大幅に変動した。その調整弁となったのが、釜ヶ崎の日雇い労働者であった。活況を呈した高度経済成長期の釜ヶ崎も、資本の使い捨て材料としての労働者たちの命を縮め、奪う現場であった。

1960年代後半から70年代にかけて世界的なコンテナ化の波は、荷運び日雇い労働者を切り捨てていった。オイルパニック後の不況で、仕事にあぶれた労働者達が路上で寝泊まりする「アオカン」が激増し、ひと冬で百名以上が路上死した。筆者も1976年から夜回りと炊き出しに参加するようになった。2升窯で炊いたご飯を握り飯にして、毛布と一緒にリヤカーで回る。寒い真冬の真夜中の公園で、少しでも体を温めようとワンカップのお酒を飲んでうたた寝し、焚き火に顔をつっこんで火傷をするおっちゃん達の手当をさせてもらった。路上のあちこちでおっちゃんたちが横になっており、そのおっちゃんたちを襲う「シノギ」も後をたたなかった。

1968年5月から1975年6月まで、大阪市教育委員会嘱託ケースワーカーとして釜ヶ崎にある大阪市立あいりん小中学校で働いたのが、日本キリスト教団の牧師でもあった小柳伸顕である。彼はスクールソーシャルワーカーの先駆けとなる。1960年には、釜ヶ崎の不就学児実態調査を府青少年補導センターと西成警察署が共同で行った。200名にのぼる不就学児のいることが明

---

7 桜井智恵子『市民社会の家庭教育』信山社、152-157頁、2005年。
8 原口剛『叫びの都市　寄せ場、釜ヶ崎、流動的下層労働者』洛北出版、87頁、2016年。

らかになった[9]。

1960 年ごろの釜ヶ崎の子どもは、父が日雇い、母が旅館の掃除婦という形が多かった。日払いアパートの家には昼間誰もおらず、朝、「これで昼たべとき」と十円玉をいくつか握らされ、金のないときは「自分で何とかしいや…」と言われていた[10]。1 世帯当たりの畳数は平均 2.2 畳、一人当たりの畳数は 0.8 畳であった[11]。約 30 名の子どもが地域の学校に入学したが、いろいろな問題が起き、その後、不就学児対策は進まないままに 1961 年 8 月の「釜ヶ崎事件」を迎えた。

「釜ヶ崎事件」とは、日雇い労働者がタクシーに轢かれ死亡したまま、むしろをかけられ放置されたことから発生した暴動であり、一連の暴動のはじまりの第 1 次暴動は 1961 年 8 月 1〜5 日である。この暴動に関して次のように記されている。「釜ヶ崎の労働者がどれほどのエネルギーを日本の産業に安く吸いとられているかは、一々例証するまでもない明白な事実である。つまりエネルギーは潜在しているのではなく顕在しているが、それを巧妙にまた冷酷に他人のためにだけ消費させられていたということだ。暴動は、もうそれじゃイヤだ、イヤなんだ！と怒ったわめき声である。」[12]

この暴動に伴い、不就学児対策は、府青少年補導センターから教育委員会案件へ移行した。 この移行は特筆すべき点である。「補導」と「教育」の連携は、この時期まだ珍しかった。

暴動後 3 週間後の 8 月 25 日、大阪府と市による連絡協議会で釜ヶ崎の不就学児のために「350 人を収容する養護学校」を立てるという案が出され、9 月には中尾教育長は「不就学児の教育対策は、教育委員会の責任において断行する」と言明した[13]。1961 年には全国の義務教育就学率は 99.82%となっており、「就学」は国民の基本として定着、警察・学校ともに「就学」が解決への手立てという認識は一致していた。問題は「家庭の監護に期待のかけられないこれらの子供こそ、学校生活によってよい社会人となるよう（防犯コーナー、婦人警官）」、非行につながる不就学児を減らすことであった。

以降、子どもの貧困を、教育や学校による統治で乗り越えようという発想（それは学習支援につながる）が教育現場で広がってゆく。釜ヶ崎資料センターの「あいりん学園－新今宮小中学校」の資料からこの時期の釜ヶ崎の子どもの就学化の動きをみておこう[14]。

【表1】あいりん学園の歴史

1961 年 12 月 19 日	不就学児童生徒の実態をたしかめるため、市教育委員会主催で西成市民館講堂にてクリスマス子ども会を開催。参加児童生徒は 70 数名。
1962 年 1 月 12 日	新年子ども会を開催し、参加児童生徒約 50 名。保護者に就学を勧奨し、約 50 名の入学願いを受理。
1962 年 2 月 1 日	就学願の出された 54 名の児童生徒を受付け、大阪市立萩之茶屋小学校分校・大阪市立今宮中学校分校の形であいりん学園と称する。小学部 2 級、中学部 2 学級編成で、仮校舎のため小学部・中学部各 1 教室で授業を開始。同日付けで府教育委員会より特殊学級（現養護学級）として認可。
1963 年 4 月 1 日	大阪市立あいりん小学校・あいりん中学校として独立開校、初代校長港一敏、通称名「あいりん学園」はそのまとする。中学校 3 学級・小学校 6 学級。
1967 年 12 月	大阪市があいりん総合対策を発表。 A ブロック案－あいりん総合センター

9 小柳伸顕『教育以前―あいりん小中学校物語』田畑書店、229 頁、1978 年。
10 「朝日新聞大阪市内版」1960 年 2 月 14 日（原口剛、前掲書、116 頁）。
11 原口剛、前掲書、118 頁。
12 寺島珠雄『釜ヶ崎暴動略誌』((原口剛、前掲書、180 頁)。
13 小柳伸顕、前掲書、201 頁。
14 http://kamamat.org/dantai/airin-gakuen/airin-gakuen.html（2017 年 7 月 28 日閲覧）

	の建設 Bブロック案－1～2階は保育所・児童館・生活館、3～5階はあいりん小中学校、6階以上は住宅、運動場は公園を利用。
1970年 1月	朝食欠食児童生徒に対し給食の支給予算が配当。
1973年 12月22日	新今宮小・中学校と改称　新校舎へ移転（新住居表示　西成区萩之茶屋1-9-24）
1980年 7月10日	あいりん地区教育対策小委員会が発足。校長会・市教組南大阪支部・PTA協議会・解放同盟・地区諸団体を結集し、児童生徒数の激減する新今宮小・中学校の将来構想や地区内諸学校に於る「あいりん教育」のあり方について意見を交換する。
1981年 4月1日	新今宮小学校児童数ゼロとなる。
1984年 3月14日	中学校最後の卒業式を挙行。卒業生3名。

あいりん学園は名前を変えつつも1962年から1984年まで存在した。高度経済成長期にともなって展開した日雇い労働者の子どもの就学化であり、生活改善よりも教育化という国家による統治化の歴史でもあった。

釜ヶ崎の中心にあるわかくさ保育園は福祉事業の先駆者・石井十次の意思を受け継いだ大原孫三郎という、当時の倉敷紡績の社長の手によって創立された社会福祉法人石井記念愛染園の施設の一つである。事情により住民票がなく手続きの出来ない家庭やオーバーステイした外国人、サラ金に追われているような家庭に居る子どもを、保育園職員が街を巡回しドヤを訪ね、見つける「あおぞら保育」は現在も続けられているが、地域の子どもはあいりん学園時代以降、激減している。あいりん学園を閉じることになる釜ヶ崎からの子ども・家族と暮らす労働者の減少には理由があった。

1960年代後半から70年代前半にかけて、日払いアパートやバラックが次々と撤収された。家族をもった労働者にとって、釜ヶ崎の地域内に自分たちの住み処を確保するのはますます困難となった。ドヤの高層化とともに進行した内部空間の狭小化、そして日払いアパートやバラックの縮小は、家族持ち労働者の政策的な分散化とともに、釜ヶ崎を単身男性日雇労働者の空間へと塗り替える過程であった[15]。

釜ヶ崎という町は大阪の小さな地域である。しかし、ここに集められた日雇い労働者の出身地は全国すべての都道府県、朝鮮に及ぶ。貧困層は、資本に引き寄せられ、大阪にやってきた。そこで資本によって搾取された。産業都市大阪の「発展」の歴史は地方から動員された人々の搾取と廃棄の歴史でもある。

東京における不就学児対策は、1965年には「山谷地区の不就学児補導教育実施要領」ができており、山谷の不就学児を学校に就学させるために、地元の学校に一部、特別学級的なものを併置する案が都の教育庁から出された。しかし、区会議員やPTAから猛反対が起り、都議会は設置反対を決議した。結局、荒川区の福祉センターの庭の片隅に12坪のプレハブを建てて、不就学児童対策は「ひなぎく教室」として出発した。児童8人、教員3人。しかし、地元の人々は、「物置学校」「こじき学校」などと呼んだという[16]。ちょうどこの時期、政府は公的な貧困測定を打ち切り「貧困は解消」としたのであった。

4．経済界の労働者へのまなざし

「今は企業にも家計にもお金が余っている。」（日本経済新聞、2017年7月2日）という。いったい家庭のどこにお金が余っているのだろう。どんな企業に余っているのだろうか。記事を紹介しよう。

「日本企業の体力が過去最高になった。株主から預かったお金である自己資本が総資産に占める比率は2016年度に初めて4割を超えた。…バブル崩壊やリー

15 原口剛、前掲書、161-162頁。
16 同上、226頁。

マン・ショックに翻弄されながらも日本企業は利益を稼ぎ、内部に積み上げてきた。…集計可能な 1982 年度以降で最高だ。米主要 500 社は 32%で日本は世界でも高水準だ。倒産リスクが小さく、銀行など債権者には歓迎すべき状況だ。」(図 3 共に日本経済新聞、2017 年 6 月 18 日)

【図 3】

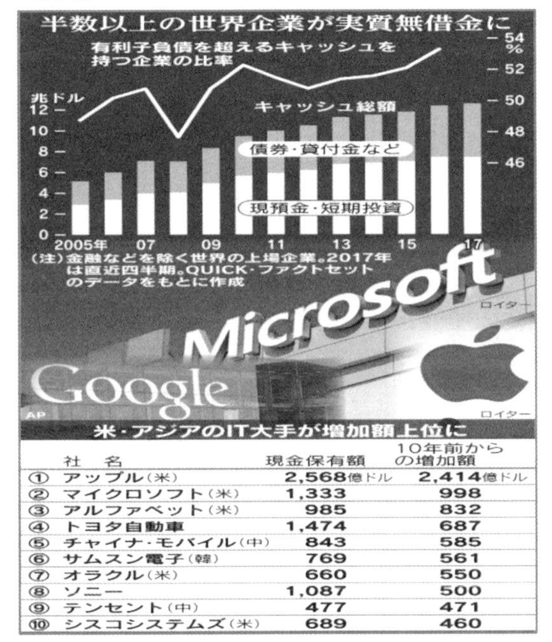

米・アジアのIT大手が増加額上位に

社名	現金保有額	10年前からの増加額
① アップル(米)	2,568億ドル	2,414億ドル
② マイクロソフト(米)	1,333	998
③ アルファベット(米)	985	832
④ トヨタ自動車	1,474	687
⑤ チャイナ・モバイル(中)	843	585
⑥ サムスン電子(韓)	769	561
⑦ オラクル(米)	660	550
⑧ ソニー	1,087	500
⑨ テンセント(中)	477	471
⑩ シスコシステムズ(米)	689	460

「世界の上場企業の手元に膨大なキャッシュが積み上がっている。総額で 12 兆ドル(1350 兆円)に達し、有利子負債を超える手元資金を抱える『実質無借金』の企業は半数を超えた。リーマン・ショックなどの荒波に翻弄されながらも、IT(情報技術)分野を中心とした技術革新をテコに企業は利益を稼ぎ続けてきた。…余剰資金をひたすら積み上げる経営姿勢は日本企業の専売特許だったが、ここにきて世界企業の『日本化』が進んでいるのだ。」(日本経済新聞、2017 年 7 月 2 日)

日本企業の自己資本が過去最高となった。利益を稼ぎ、内部に積み上げてきたのだ。世界でも上場企業の手元に膨大なキャッシュが積み上がっている。IT 分野を中心とした技術革新をテコに企業は利益を稼ぎ続けてきた。

それでは、雇用は改善したのだろうか。総務省「労働力調査」(2018 年 9 月 28 日)によると、2018 年 8 月の雇用者数(除く役員)は 5953 万人、そのうち正規雇用者は 3515 万人に対し、非正規雇用者は 2108 万人と増加している。前年同月に比べ 54 万人(2.6%)の増加と、非正規雇用者数は過去最多となり、非正規比率も 37.5%と 2013 年から高止まりしている。

【図 4】非正規雇用者数は増加が続く

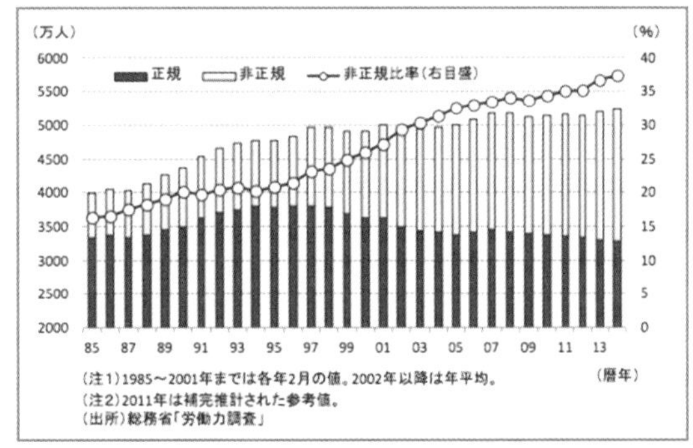

出所:三菱 UFJ リサーチ&コンサルティング「けいざい早わかり 雇用情勢は改善しているのか」2015 年 5 月 25 日

日本企業は 1990 年代後半からカネ余りの状態にあった[17]。相対的貧困率が上昇している中、見事な格差が見られる。配分のバランスが著しく偏っている。

三菱 UFJ リサーチ&コンサルティングによると、経済界における労働者へのまなざしは以下のようだ。「原油価格など資源価格が底打ち後も緩やかな上昇ペースにとどまっていることや、これまでのリストラ効果によって高収益体質が維持されていることも利益の増加要因になります。…2017 年度については、企業業績が改善に向かうと見込まれているものの、企業の人件費抑制姿勢が大きく変わることはなく、1 人当たり賃金の増加幅は前年比+0.3 %にとどまると予想されます。」[18]

---

[17] 鶴田零「けいざい早わかり　企業のカネ余り」三菱 UFJ リサーチ&コンサルティング、2012 年 3 月 15 日。
[18] 小林真一郎「けいざい早わかり　2017 年の日本経済」三菱 UFJ リサーチ&コンサルティング、2016 年 12 月 16 日。

企業の高収益体質はリストラによるものであるし、業績が改善に向かっても人件費の抑制姿勢は変わらない。

釜ヶ崎の子どもや労働者史を参照し、さらに現在の大企業体質について把握し、貧困層の子どもの親や勤労世代が安心した生活を送れないのは、まずもって大企業による雇用の流動化、労働者の使い捨てが引き起こした問題と整理してきた。

5．格差と資本の構図に

1990 年代以降、国家間の経済交流が活発化し、各国間のモノ・サービス・カネの自由な取引を通じ、グローバル資本は経済の発展に傾注した。しかし、経済発展は競争力を失った産業や既存の仕組みが壊れていく過程でもあり、工業や農業などの産業が世界規模で競争、多国籍企業による搾取の強化とそれに伴う国内産業の衰退、そしてプレカリアートの世界的増大が進行した。

バウマンはヘンリー・A・ジローを援用しながらいう。国家は次第に容赦なく「軍事国家」へと転換しつつある。「国内の前線での抑圧と軍事化のレベルを高めながら」、次第にグローバル多国籍企業を守ろうとしつつある国家だと[19]。

「無国籍化したグローバル資本の21世紀型資本主義の世界には、投資ファンドという疑似資本家が存在し、一段と厳しい合理化要請が現実化している。労働側においても、団結の基盤が崩れて雇用機会の奪い合いが激化することが避けられない。」[20]高度経済成長期に釜ヶ崎で可視化されていた搾取や暴力は、21 世紀型資本主義の台頭により全国に広がっている。

資産格差と賃金格差、その集積としての政治支配という一連の構図[21]ができ、前章で見たように、労働者に対する経済界のまなざしは人件費とリストラで調整できる存在という意味をもっていた。資本と労働者の古くからの問題がひときわパワーアップして、私たちの前に現れている。いかにパワーアップしたか。「あらゆる地域で周辺化」を作り出したという点である。周辺化とは、中心に資源が集まるゆえに、周辺は資源が無くなり収奪されている状況である。

原口はいう。資本と国家の要請に従って生み出される強制的自由を意味する「フリーター」や派遣労働者などのプレカリアートは、伝統的に釜ヶ崎の日雇労働者が背負わされてきた宿命をそのままに受け継ぎ、背負わされている。釜ヶ崎の日雇労働者に対してドヤが担ってきたのと同じ役割を、ビデオ試写室やネットカフェといった都市の消費施設が担っている。「あらゆる場所で何百万人もの人々を周辺化させるような、グローバル都市戦略である」[22]。

釜ヶ崎の子どもの親を含む労働者達は、資本の産業合理化政策、政府の農業破壊政策により、過剰労働力として切り捨てられた下層労働者であった。1990 年代後半から、グローバル化に導かれ「釜ヶ崎化」した日本社会は、全国のあらゆる場所で人々を周辺化させる過程を歩んでいる。

子どもの貧困対策もまた資本の政治支配による雇用政策と連動している。「1980 年代以降、ひとり親の女性と子どもの貧困が緊急の課題として取り上げられ…社会的投資アプローチとワークフェア政策による、子どもの貧困対策が、実際には、『ワーク・ライフ・バランス』政策と連携」[23]している。子どもの貧困対策は、労働市場の市場主義化、すなわち規制緩和とつながっていると原伸子は論証する。

底辺層の親は周辺化され、子どもとの生活で、経済的な問題だけではなく、時間の問題を抱えている。非正規の親たちは、時に日中と夜のダブルワークで、労

---

19 ジグムント・バウマン『新しい貧困ー労働、消費主義、ニュープア』伊藤茂訳、青土社、186 頁、2008 年。
20 浜矩子『グローバル恐慌ー金融暴走時代の果てに』岩波書店、192-193 頁、2009 年。
21 竹信三恵子『ピケティ入門ー「21 世紀の資本」の読み方』金曜日、77 頁、2014 年。
22 原口剛、前掲書、347-350 頁。
23 原伸子「福祉国家の変容と子どもの貧困ー労働のフレキシビリティとケア」『大原社会問題研究所雑誌』NO.649、43 頁、2012 年。

働時間が子どもとの時間を浸食し、ケアの質の搾取が行われている。親子関係のゆとりのなさと、ケアの質の問題は、子どもの社会的排除や孤立に直結する現実である。資本と国家が作り出す構造的不平等に手を付けずに、善良な市民による学習支援や居場所作りで、どのようにして社会的排除をなくすことができるのであろうか。

解消への道程として、第一に社会的な再配分の制度改善が求められる。第二は、格差と資本の構図をこそ問題とする視点に私たち市民が立ち返るという点である。これは、より原理的な問題として、釜ヶ崎の社会史を手がかりに本稿で導いてきた。

私たちが対峙しなければならない課題は、資本が労働者・市民の搾取自体を可能にしている条件とは何かを焦点化することと思われる。そこで別稿では、「子どもの貧困」をめぐる統治の方法としての社会保障と福祉国家体制について整理を行っている[24]。

さて、「子どもの貧困」というテーマは、何を問題化しているのであろうか。いったい何を問題化しないことで成立したのであろうか。冒頭の島の視点を受けて、結論としたいと思う。「子どもの貧困」は労働者・市民としての親の基底的リアリティである、雇用の劣化（長時間労働・非正規雇用など）を生み出す資本の権力構造を問題化しないことにより、浮かび上がってきた。すなわち、これら核心の問題を隠蔽しながら広がってきたテーマである。

24　桜井智恵子「『自立した個人』という福祉国家の原理的課題－『子どもの貧困』対策としてのワークフェア子ども版：学習支援を問う－」関西学院大学人間福祉学部研究会『人間福祉学研究』第10巻第1号、53-65頁、2017年。

【解題】
子どもの貧困と孤立

ボランタリズム研究所 運営委員
工藤宏司

「子どもの貧困」は古くて新しい問題であるとしばしば指摘される。実際、日本国内に限ってみても、敗戦後の混乱期には今以上の貧困にあえぐ子どもたちが数多く存在したわけで、その意味ではまさに「古くからある」ということが可能だ。一方これを「新しい問題である」という場合、そこにあるのは「問題自体」の規模や質への評価ではなく、その問題が生じた社会的経緯や行政対応の質、それを支える社会構造上の特徴など、社会問題化の文脈に沿った評価が念頭にあるだろう。今回お招きしたお二人、CPAO で長く実践に携わってこられた徳丸ゆき子さんと、行政による先進的取組と評価される兵庫県川西市の子どもの人権オンブズ・パーソン制度を長く研究者としてけん引された桜井智恵子さんの問題関心も、その点を多分に念頭においたものだ。

お二人の論稿は、一見、実践者と研究者という「立場性」による違いが際立ってみえる。徳丸さんの論稿は氏が携わってきた実践と、そこで出会った子どもや親御さん（特にシングルの女性たち）の経験に基づくもので、「子どもの貧困」をいわば虫の目からたどったものと言える。一方、桜井さんはこの問題について、多様な統計データを示しつつ、「貧困状況がなぜ生み出されたのか」という問いに、大阪・釜ヶ崎の歴史的経験を遡って答えようとする。これはいわば鳥の目からの俯瞰である。しかしお二人の議論は、対照的な入り口からなされながらきちんと融合する。それは「子どもの貧困」という問題の根底に、同じものを見ているからに他ならない。

ひとつは「子どもの貧困」が、近しい「大人（多くの場合その親）の貧困」と連動しているという構造的特徴である。その際お二人が共通して指摘するのは、貧困状態にある親が物理的な時間を搾取されているという事実だ。これは端的に子どもと向き合う時間と質の問題に直結する。そこには、経済的貧困が子どもに対するケアの質を下げ、子どもにとってはそれがさらに自己評価を保てず、社会資本の質量を低下させてしまう可能性を高めるという負の連鎖が存在する。

次にこの点から帰結することだが、「子どもの貧困」の発生・対処に責任を負うべきなのは、子どもや親ではない、という主張だ。お二人の議論には、家族だけによる子育てに追い込まれる社会的構造への問題意識が共通して見える。この問題に対して「自己責任」と切り捨てる昨今の風潮に、お二人はそれぞれ異なる角度から反論する。

そして最後に、この問題への政策が「子ども」の能力強化に傾斜していることへの批判だ。社会構造上の問題が理解されにくい現状において、子どもも親も、自らがんばることを奨励され、それを受け入れてしまう。それによって、しんどい状況下でも「SOS」が言えなくなり、ますます追い込まれてしまう構造がある。そして勤勉や努力についての規範はその過程においてさらに強化されるだろう。この「条件付きの承認」が自明視される状況が、「子どもの貧困」の根底にある問題なのだ。それは言うまでもなく、彼らを孤立へ囲い込む。お二人の議論が示したのは、こうした社会構造上の問題と、それに向けたわれわれがとるべき「次の一手」へのアイディアなのである。

第2章

障害者をめぐる孤立

「同情するならカネをくれ！」

障害者の社会的孤立を解消する、カネと資源と権限

フリーランス・ライター
みわよしこ

【キーワード】●当事者主権　●尊厳　●自己決定　●資源分配　●パターナリズム

１．なぜかタブー視される現金支給

この数年、社会的孤立と貧困の問題が、社会的包摂の必要性とともに注目されています。

「今は貧困であったり孤立していたりするとしても、将来は稼げて納税できる人になり、貧困と孤立から脱出できるように」という視点、狭い意味での「自立」を目的とした議論は、「盛んすぎる」と感じられるほど盛んです。

特に現在、幼少期や青少年期のまっただなかにある人々に対しては、生活困窮者自立支援法(2013)で生活保護世帯の子どもたちに対する学習支援が制度化されたのをはじめ、民間・公共とも数多くの動きがあります。話題の「子ども食堂」や青少年の居場所づくりは、この動きの一部と関連づけて考えるのが自然であろうと思われます。

もちろん、幼少期の重要さは言うまでもありません。身体・情緒・知能が特に大きく発達する幼少期という機会を逃さず、欠食・虐待、その他さまざまな機会の剥奪を解消できれば、その子どもの生涯にわたる健康と幸福の基盤を、社会からプレゼントできることになります。子ども自身が「欲しくない」という意思表明をしていたとしても、やや強引に「まあまあ」とプレゼントしてみて、ちょうど良いくらいなのかもしれません。「さっきラーメンスナック一袋もらって食べたばっかりだから、いらねーよ」と強がる子どもに「まあまあ」と渡したカレーパンは、「じゃ、一応、もらっとく」とジーンズの尻ポケットに入れられ、そのまま椅子に座られて潰れ、数時間後、さらに空腹を抱えた下のきょうだいと分け合われるのかもしれません。

子どもの生育・教育に関する子どもの権利が保障されることは、結果として、教育から実社会への接続（一般的には就労）を容易にするでしょう。就労できること、言い換えれば「社会の一角に自分の力を発揮して評価される場所を確保でき、評価をカネとして受け取れること」には大きな価値があります。納税すれば、「納税者」という自認も加わります。

「将来は稼げて納税できる人になり、貧困と孤立から脱出できるように」という視点からの支援、狭い意味での「自立（就労自立）」を目指した支援は、「引きこもり」などの形で孤立している比較的若年の成人、あるいは幼少期から機会を剥奪されていた結果として無業の障害者などに対しても活発です。失われていた生育・教育の機会が提供されて悪いわけはありません。孤立を募らせて辛い思いをしている人々に、社会的包摂の機会が提供されることも必要です。ただし、あくまでも、「機会の提供」であることがミソです。万が一にも、「喜んで選んでいるフリをしないと、生きていけない」という「なんちゃって機会の提供」では困ります。数多くの機会が、「どれを選ぶことも出来るし、どれも選ばないことも出来る」という形で提供されれば、言うことはありません。その状況は、限られた地域資源の中で、心ある方々が目標とし、不完全にでもすでに実現しているものでもあります。

しかし、私はどうしても疑問を感じてしまうのです。

なぜ、本人に「カネを渡す」という形ではいけない

のでしょうか？

なぜ、カネではなく「子ども食堂を作って食事を」「学習教室を作って学習指導を」「居場所づくりを」ということになるのでしょうか？

私は、食事の提供や学習指導や居場所が必要ないとは思っていません。むしろ、必要性は疑いようがないと思っています。不完全ながら、子ども食堂・学習教室・居場所の運営に対する助成金があり、スタッフの人件費を助成する動きも始まっています。そういった団体やスタッフを支援する仕組みがないと、いつか燃え尽き、担い手がいなくなります。団体にもスタッフにも、助成金は必要です。

しかし、私はどうしてもモヤモヤしてしまうのです。

周囲の人々が「よりよい理解者」となること、「よりよい支援者」であることを助けることよりも、もっと優先順位が高く、有効なことがあるはずだからです。

2．その人のことを一番よく知っているのは、その人自身

社会的孤立とはどういうことなのか。貧困のまっただ中にあるとは、どういうことか。そういう時に、何をしてほしいのか。逆に、何をしてほしくないのか。1年後、3 年後、5 年後、どんなふうになっていたいのか。

周囲の人々は、孤立や貧困の中にある人々自身に、問いかけることが出来ます。「ウゼエんだよ！」を含め、さまざまな答えが返ってくることでしょう。でも、当事者ではない人の問いと当事者の答えによって、当事者の状況や困難の全貌をつかむことは可能でしょうか？　私は、原理的に不可能だろうと思います。

それよりも、その人たちに

「資源と権限を預けるから、自分たちの必要なものを作ってみてください」

とお願いしてはどうでしょうか？

問題の真っただ中にいる当事者だから持てる問題意識があり、気付くことのできる諸々があるはずです。その人々の「今、自分は、こんなふうに助けてほしい」「今、自分は、こんな応援チームがほしい」という思いは、善意の誰かの「忖度」あるいは推察よりも、第三者のデータ分析やシミュレーションよりも、その人々にとって確かなものであるはずです。

私は常々、思っています。今のところは支援を受ける側の人々、孤立や貧困のまっただなかにいる人々に、まとまったカネを渡して、その人々に、「自分の周囲にこんな社会があったらいい」と空想・妄想・構想を繰り広げていただき、実現するための組織を作り、スタッフを雇用（あるいはボランティアを募集）していただくという形態が理想なのではないかと。もちろん、現金をいきなりポンと渡すことには、さまざまなリスクが考えられますが、それらのリスクに個別に対応すれば済むはずです。

なぜ通常「当事者に教えてもらえば3分で済み、当事者に方針設定や人選を任せれば1日で実現できるかもしれない」と考えられていないのでしょうか？　なぜ、市民や専門家の関わりが必要不可欠と考えられるのでしょうか？なぜ、「より良い支援者」「より良い隣人」になるために年単位の時間をかけた努力がなされ、試行錯誤が行われ続けているのでしょうか？

「まずは当事者に任せる」「カネその他の資源と権限は当事者に預け、その他の人々は、あくまでも黒子でサポーター」というアプローチは、なかなか考えられにくいものです。もしも実現しているとすれば、当事者が周辺の人々を巻き込んで、長年にわたって粘り強い交渉や闘争を積み重ねた結果です。

当事者の「自分が……したい」という意向は、ボランティア等の形で関わろうとする人々の「自分は……したい」「自分は、この人たちに……してあげたい」「自分は、この人たちが……というふうになるのが、この人たちにとって良いと思う」という気持ちとは、必ずしも一致しません。むしろ、一致することの方が珍しく、たいていは噛み合わないものです。だから、カネその他の資源を当事者が掌握しているのでない限り、当事者の意向を実現するのは困難になり、しばしば、

「当事者のために行われた行為であり作り上げられた何かであり、当事者は一応は喜んでいるけれども、心から喜んでいるのかな？」

という状況が出現してしまいます。

もちろん、ボランタリーな活動を否定するつもりはありません。幼少の子どもに、「あなたに必要な社会を作ってみて」と現金を預けるのは非現実的です。

ここで「当事者の幸せを望むなら、当事者に資源と権限を預けてほしい」という私の主張を、もう少しご理解いただくために、私自身の日常的な経験から語ってみます。

３．いきなりの肉体的暴力、さらに望まない心理的暴力の「あるある」

私は障害者として、自分ではない誰かによる「あなたには、これが良いはず」という思い込みや押し付けの数々に、毎日ウンザリしています。異議を申し立てれば逆ギレされ、場合によっては暴力に発展します。良くて「気持ちを分かってあげられなくて、ごめんなさい」という謝罪でしょうか？

私は、気持ちを分かってほしいわけではありません。「わかる、わかる」と共感してほしいわけではありません。まず、自分の価値観にもとづいて、毎日の数多くの判断や選択を行いたいだけです。ただし、障害ゆえにハンデとなるものが、世の中には数多く存在します。私は女性ですから、さまざまな形での性差別にも直面し続けています。女性かつ障害者という立場から、単体の女性差別・単体の障害者差別に加え、女性かつ障害者であることによる複合差別にも苦しみ続けています。

私が必要としているのは、ハンデを取り除き、あるいはハンデがあっても問題にならないようにすることです。また、不当な差別に遭わず、遭ってしまったらタイミングを逃さず有効な異議申し立てを行うことです。しかし、自分一人の力や資源だけでは不可能なことが多いため、可能にしたいのです。また、可能にするための資源を必要としているのです。

以下、私が1～2年に１回程度は遭遇する日常の中の暴力を例として、何が必要なのかを説明します。

私が、地下鉄の駅で下車し、エレベータを使って地上に出て、屋根のある出入り口の近くでスマホを取り出し、次の行き先への経路を確認しているとき、通りすがりの女性が私の頭をいきなり傘で叩いて「車椅子に乗ってる障害者のくせにスマホなんて生意気」と言い捨てました。私が「何をするんですか」と大きな声で言って相手を睨みつけると、その女性は、駅構内への階段を駆け下りて逃げていきました。

車椅子の私には、追いかけて捕まえて警察に突き出すことはできません。健常者時代だったら、すぐ走って追いついて、踊り場で足払いをかけて転ばせて腕をねじ上げたことでしょう。走り始めてから腕をねじ上げるまで、30 秒はかからないと思われます。しかし私は、健常者ではなくなったから暴言暴行に遭っているのです。さらに、その自分が出来る方法で、「泣き寝入り」以外の結果を選択したいのです。

選択肢の一つは、私は「その人を捕まえてください、さっき私を傘で叩いたんです」と叫ぶことです。周囲には何人もの通行人がいます。しかし、私がどれだけ喉を枯らして声を上げても、誰もその女性を追いかけようとしません。あっという間に、女性は逃げ切ってしまいました。

そのうち、私の肩がやんわりと触られました。そこには 60 歳くらいの女性がいました。その女性は、子どもかペットに話しかけているかのような甘ったるい口調で「あらあら、ひどいわねえ、おケガはなかった？」と私に語りかけました。私は、さらに怒りをつのらせます。通りすがりに叩かれた上、子ども扱いをされなくてはならないとは？　私は何をしたから、そんな罰を受けなくてはならないのでしょうか？　もちろん、甘ったるい口調での「ひどいわねえ」は、もう一発叩かれるよりマシであることは間違いありません。しかし私は、成人女性ではないかのような扱いを受けているのです。私は、何のために学んできたのでしょうか。必死で働いてきたのでしょうか。もしかして、生まれてきたことが間違いだったのでしょうか？

……大げさかもしれませんが、そういう時、私は本気で「生まれてきたことが間違いだから、今生きていることが間違いだから、こんな目に遭うのでは？」と思ってしまいます。もはや、私の悔しさの焦点は、傘で叩かれたことにはありません。幸か不幸か、女性の多くは肉体的なケンカの経験が少ないため、傘で有効な打撃を加えることは容易ではありません。たぶん、傘で叩かれた後頭部には、青アザも出来ていないでしょう。目に見える傷にはならず、目に見えないまま治るでしょう。でも今、目の前の年配女性から受けている子ども扱いは、現在進行形の心理的外傷です。最初から、目に見える傷ではありません。この後も何ヶ月か何年か、目に見えないままジクジクと痛み続けるでしょう。私の心にはそんな古傷がたくさんなので、古傷まで一緒に疼きはじめます。

私は心の痛みのあまり、拳を握って悔し泣きしました。すると女性は「あらまあ、かわいそうに」と私の頭を撫ではじめました。私はさらに悔しくなりましたが、悔しさのあまり、言えることが何もありません。泣きながら、その女性に「離れてください」「触らないで下さい」と言い続けます。相手の顔には、「こんなに親切で優しい私が、なんでこんなことを言われなきゃいけないの？」という表情が浮かびます。私はとにかく「離れてください」「触らないでください」と言い続けるしかありません。相手が、「はい、わかりました、ごめんなさいね」と言いながら離れるまで。

4．その人の痛みを、他人が代わって感じることはできない

同じように「車椅子に乗っている女性障害者」であっても、感じ方や思い、その場面で選びたい行動は、一人一人違います。中には、通りすがりの女性の「ひどいわねえ」「かわいそうに」に心から感謝する人もいるでしょう。でも、私はそうではありません。

人間は一人ひとり違います。「車椅子に乗っている人」「女性」「車椅子に乗っている女性」という見た目で複数の人間を束ねることは、それ自体が暴力です。

善意のつもりで暴力を振るわないために、まず本人を、分別ある成人として扱ってください。何をして欲しいのか、何が必要なのか、何をやめてほしいのか、何を取り除いてほしいのかを本人に尋ねてください。意識不明になっているのならともかく、意識清明で言葉を発することができることも明確なのなら、本人に聞かない理由はないはずです。

赤の他人が、本人に代わって感じたり思ったりすることは出来ません。「出来ない」というより、「してはならない」と言うべきでしょう。それは、「その人の感じ方」「その人の思い」を、部分的にでも第三者が捏造する行為だからです。ご自分の空想妄想の世界でならば、誰も迷惑しません。でも、困難を抱えている本人という一人の人間を、空想妄想の世界の「自分の想像どおりに反応する人形」として利用・活用する行為は、絶対にしないでいただきたいのです。

もちろん、「こうなのではないか？」という仮説を立てることはできます。仮説を検証するプロセスが続くのならば、課題解決に極めて有益かもしれません。でも、本人の感じ方や思いに関する仮説は、あくまでも「仮説」です。当たっているかどうかを判断できるのは、本人だけです。仮説として示すのであれば、仮説であること・本人に「違う」と言われる可能性を考えていること・「違う」を含めて本人のフィードバックを聞きたいこと・本人のフィードバックに応じて仮説を変更する用意があることを、言葉と態度で示していただきたいのです。そうでなければ、付き合うことを求められている勝手な思い込みなのか、あるいは仮説の一つなのか、判断できません。

最も確実なのは、まず本人に聞くことです。「どうしてほしいのですか？」と聞くことが可能な場面では、まず、そうしてほしいのです。相手が健常な成人である場合と同じように。すでに何か問題が起こってしまっており、本人に聞くことが不可能な場面でも、本人の

感じ方や思いや望みは本人にしか分かりません。

5．社会的弱者に「あなたのことは、あなたに教えてもらう」を”しない”という暴力

しかしながら、自分の意思があることをはっきり示し、はっきりと言挙げする障害者は、一般的に嫌われる存在です。

悪意の方々には、「だから殴っていい」「だから殺していい」といった口実を与えてしまいます。でも、口実です。「動かない」「意思表示できない」「抵抗できない」といったことも、「殴っていい」「殺していい」という理由になるのですから。

善意の方々にとっても、実のところ、あまり好ましい存在ではないことが多いかと思われます。障害者が一人一人異なり、それぞれが自分の意思を持っているという事実は、ご自分の「心からの」「暖かい気持ちで」が受け入れられない可能性にもつながります。それを乗り越えても障害者と付き合い続けたいという方は、「あまり」いない、「ほとんど」いないのが実情です。この実情は、ボランティアであろうが、職業として障害者に関わるヘルパー等であろうが、あまり変わりありません。

「意思表示がはっきりしている身体障害者は、自分のしたいようにさせてくれないから、知的障害を伴っていて言葉を発することのできない知的障害者を選ぶ」

というヘルパーは、それほど珍しい存在ではありません。また、女性障害者の場合にだけ起こるというわけでもありません。男性知的障害者の行動援護をする高圧的な女性ヘルパーの姿や、男性視覚障害者が高圧的な男性ガイドヘルパーの機嫌を取っている姿は、繁華街を１日ウロウロすれば、２組・３組程度は目にするものです。

「ひどすぎる」と感じたら、私は障害者の方に話しかけ、天気や相手の服装に関する話を二言三言ほど交わし、同時に視線と表情で、高圧的なヘルパーに「見てるからね？」とクギを刺します。また、あからさまな肉体的暴力なら、証拠を残しつつ通報する努力もできます。でも、その障害者の日常から苦痛や支配を取り除くことは、通りすがりの私には不可能です。結局は、社会にある苦痛や支配をなくすしかありません。

社会的に弱い立場にある相手に対する、本人の意思と無関係な思いやり・暖かさ・親切、あるいは忖度・お見繕い・あてがいぶちといったものは、なんと呼ぼうが「パターナリズム（恩恵的な押し付け）」でしかありません。それは、暴力です。

「人間どうし」「仲間じゃないの」と言い、そういう空気を作ったところで、暴力性は消えません。ただ、立場の弱い人々が、違和感や異議を表明できなくなっているだけです。

善意の皆様に、反発され「イヤだ」と思われ「自分が否定されている」と感じられてしまう可能性は、覚悟の上で書いています。

でも、そう思い、そう感じる方々を、私は否定しません。背景には、その方々のこれまでの人生があり、経験があり、過ごしてきた社会があり、現在暮らしている社会があります。私が困惑するだけの障害者観も、その方々にとっては、ご自分たちの人生と切っても切り離せない大切なものかもしれません。

ならば、仕方ありません。「ご縁がない」で済ませてしまいましょう。そうすれば、お互いに傷つきません。さようなら。お元気で。

ここで再び、当事者たちにカネと資源と権限を預けることの重要性に戻ります。

6．人とコミュニティに出来ること、カネにしか出来ないこと

かつて障害者は、親が面倒を見られる間は親元で、親亡き後、あるいは生まれた家庭から縁を切られた後は、施設で暮らすものでした。障害児に対する成人前の「縁切り」、場合によっては幼少期の「縁切り」は、封建的な地域でだけ起こったわけではなく、東京近郊でも珍しくありませんでした。

障害者施設の多くは、のどかで風光明媚な場所に設置されました。わかりやすく言い換えると、「片田舎に隔離された」ということです。相模原障害者殺傷事件の舞台となった「津久井やまゆり園」の設立当初の立地は、「片田舎への隔離」を否定できないものでした。

津久井やまゆり園の最寄り駅は、JR 中央線の相模湖です。東京の最西端にあたる高尾駅から1駅、東京駅からの所要時間は、通勤電車である各種快速で 70～80 分程度です。人身事故による遅延や停止が多いことで有名な JR 中央線は、高尾より西ではさらに気象・事故による停止が多いため、東京への現実的な通勤圏と言えるかどうかは微妙です。しかし多摩地区の八王子・立川あたりなら、それほど大きな無理のない通勤圏です。

JR 中央線の快速は、1986 年までは東京－高尾間の運行でしたが、1986 年に東京－大月（山梨県）間まで延伸されました。この後、相模湖駅周辺は住宅地として発展していきました。しかし、津久井やまゆり園の前身が現在と同じ場所に設置されたのは、1965 年のことでした。当時の周辺の写真は、種田山頭火の俳句「分け入っても分け入っても青い山」という雰囲気です。

1960 年代、学生運動と相互に影響を及ぼし合うかのように、障害者が生まれた家でも施設でもなく地域で暮らす動きが活発化しました。学生運動家たちはボランティアとして介護・介助を担い、障害者たちは学生運動のデモに参加するという共生関係が生まれたものの、「介助はボランティア頼み」という状況は、ボランティアゆえの不安定さを常に孕んでいます。言い換えれば、ボランティアの気が向かなければ介助を受けられないわけです。ボランティアが自発的に、あるいは障害者との議論の中で、「自分たちは障害者の手足であることが正しい」と理解し、何の見返りもなく介護を提供することもありましたが、長続きさせるのは困難でした。そのボランティアの生活を支える経済的基盤がないからです。

いずれにしても、家や施設を出て暮らそうとする障害者のほとんどは、経済的基盤を生活保護に求めるしかありませんでした。障害者たちは、生活保護を文字通りの「生存権」として肯定的に捉え、自らの生存・生活の基盤とし、さらに拡大・拡充させていきました。日本初の公的介護保障である「他人介護料」も、この経緯の中で生まれました。ボランティア頼みの介助は結局、障害者たち自身の生存・生活を危険にさらします。また、介助者に対する「やりがい搾取」は、介助者自身の希望であっても、介助者の生存・生活を損ないます。このため、生活保護で生きて暮らす障害者たちが働きかけ、1975 年、生活保護制度に「他人介護料加算」が新設されることになったのです。

この後、1980 年代の障害者自立生活運動の高まりを受け、障害者が介助を必要とすることは、必ずしも「障害者が弱者、介助者が強者」という関係性を意味しなくなりました。また、障害者自立支援法（2005 年）およびその後の制度のもとでは、障害者と介助者の関係は契約に基づくサービス依頼者・サービス提供者です。介助者に公的資格は必要なのか、介助者はボランティア・公務員・障害者による直接雇用・事業所を通じた雇用のいずれが最も望ましいのか、障害者は介助者に対してサービスを購入する消費者でよいのか、2017 年現在も議論は尽きません。現在も過去も変わりないのは、障害者は時に虐待され、ケアを放棄され、就労収入だけでは暮らせない貧困状況の中にあることが多く、にもかかわらず障害年金などの金銭給付は利用しにくくなり、就労が促進されるけれども勤労に関する権利は充分に保障されず、教育を受ける権利も「充分」とは言えない状況です。もちろん、少しずつですが、前進はあります。しかし 2000 年代以後は、前進するスピードを上回る勢いで、後退や削減や悪化が続いています。私自身、どうすれば寿命まで社会的に生き延びられるのか、不安でなりません。

7．カネだけでは解決しないが、まず当事者の手にカネと資源と主権を

障害者がたどってきた道筋から確かに言えることは、当事者の権限のもとに費用がもたらされることは、何かを確実に前進させるということです。たとえば生活

保護の他人介護料は、「介助はボランティア頼み」の不安定さを解消しました。このことによって、介助を受ける障害者からは不安とボランティア確保の労力が取り除かれ、介助を行う人々には収入がもたらされました。そして、障害者と介助者の関係性が変わりました。

もちろん、他人介護料のような金銭的報酬がなくても、障害者と介助者は対等であるべきです。しかし、理念として「対等であるべき」と言い続けるだけでは不十分でした。「対等」には、具体的な裏付けが必要でした。その「何か」＝金銭的報酬は、関係性を「対等」へと近づけ、障害者の受ける介助と、介助者の生活を安定させました。

その後、金銭的報酬は拡大されましたが、ここ数年は縮小傾向にあります。障害者には、介助者を確保することの困難が、再び訪れようとしています。障害者虐待、健常者との所得格差をはじめとする障害者差別の数々など、いまだ解決していない問題も数多く存在します。

カネはすべてを解決するわけではありませんが、今、全く足りていません。また、カネの不足が補われる時には、まず、必要とする本人では”ない”人々の手に渡る傾向があります。

この都合の悪い事実から目をそらさず、あらゆる種類の孤立と貧困に対するあらゆる活動に向き合い続けることこそが、現在の日本に最も求められているものではないでしょうか。

私には、そのように感じられてなりません。

障害者の貧困と孤立

花園大学 社会福祉学部
教授　吉永 純

本稿は、障害者の貧困と孤立について、主に貧困状況に焦点を当て、その原因と深刻な実態を先行研究から明らかにする。日本の障害者の所得保障は、障害年金が大きな役割を果たしているが、それだけでは障害者が自立した生活を営むことは困難である。マクロ経済スライドによって年金額が抑制されている政策の下では、就労できる障害者にあってはその能力に応じた就労保障が重要だが、本稿では、障害者が自立した地域生活を営む上で、年金では不足する生活費を補う生活保護制度の重要な役割について述べる。また、障害者自らが生活保護裁判を提起し、生活保護制度の改善を進めてきた歴史的な役割を確認する。

【キーワード】●相対的貧困率　●障害者の貧困率　●生活保護制度
●生活保護裁判　●生活扶助の引下げ

1．障害者と貧困、孤立

障害者の孤立と言った場合、様々な課題が考えられる。たとえば、孤立を防ぎ社会参加を促すための交通手段のバリアフリー化など移動手段の保障、移動のための介助者等サポート体制、また、社会参加の場での意見表明の保障をするためのコミュニケーション手段の保障などがすぐに思い浮かぶ。あるいは、もっと根本的に、教育や就労の保障や、生活のあらゆる場におけるハード、ソフト面での障壁を除去し、社会的な包摂を進めることも重要である。障害者を孤立させないためのこれらの方策については、法的な整備や制度の創設などが徐々にではあるが進みつつあり、社会意識も変わってきているように思う。

ただ、障害者がこれらの施策を活用して社会参加をし、自己実現を図っていくには、当然のことであるが、先立つもの、すなわち参加のための費用を要し、それを捻出するための所得が保障されなければならない。しかし、雇用の場における低賃金や、障害年金の水準が低いことから、障害者は、日本における貧困層の代表的な母体の一つとなっている。他方で、近年、日本における貧困率の高さが問題になっており、子ども、若者、ひとり親、高齢者等の貧困が指摘されているが、なぜか、障害者の貧困を主なテーマとする一般書は、管見の限りでは、見当たらない[1]。

本稿は、このような障害者と貧困をめぐる状況のもとで、障害者の孤立を軽減、除去するための前提条件と考えられる、障害者の貧困の状態、その問題点、そしてなぜ障害者の貧困が注目されてこなかったのかについて、先行研究を参考にして跡付ける。

その上で、筆者の専攻領域である生活保護制度が、障害者の生活保障のためには欠かすことのできない制度であることを確認の上で、生活保護制度において障害者がどのように扱われているかを概観する。また、現行の生活保護の運用において、障害者が提起した裁判によって、その改善が進んでいることにも触れる。

---

[1] 障害者の貧困状況についての最新のデータは、百瀬優（2018）「障害者と貧困」『貧困』ミネルヴァ書房にまとめられている。

２．日本の貧困と障害者の貧困

（１）一億総貧困社会？

以下の書籍は、ここ２～３年の間に出版された貧困に関連する出版物である。

阿部彩（2014）『子どもの貧困Ⅱ』、赤石千衣子（2014）『ひとり親家庭』、中村淳彦（2015）『女子大生風俗嬢　若者貧困大国・日本のリアル』、藤田孝典（2016）『貧困世代～社会の監獄に閉じ込められた若者たち』、雨宮処凛他（2016）『下流中年』、藤田孝典（2015）『下流老人』、同（2016）『続・下流老人』など、日本においてあらゆる年代が貧困に見舞われていることが明らかにされている。また、個別の問題領域については、若者の生活を脅かす奨学金問題について、岩重佳治（2017）『「奨学金」地獄』、大内裕和（2017）『奨学金が日本を滅ぼす』などがある。

そして、これらを包括した、藤田孝典（2017）『貧困クライシス～国民総「最底辺」社会』、雨宮処凛（2017）『一億総貧困時代』も出版されるに至っている。2017年に至るも、引き続き貧困が一部の富裕層を除いてあらゆる階層を脅かしていることが明らかにされているといってもいい状況にある。このような「貧困本」は、出版の世界においては、今や固有の領域を形成していると言っても過言ではないだろう。

しかし、一部、障害者の貧困が紹介されることはあっても（雨宮（2017））、それを主要テーマにした書籍は未だ見当たらない。なぜなのか？　障害者が総じて貧困な状況にあることは、後述のように明らかなのだが、なぜ注目されないのか？ 障害者には、他に貧困よりも重要な問題があるからなのか？

この疑問を考える前に、まず日本と障害者の貧困状況を再確認する必要がある。

（２）日本の貧困状況

①　日本では6.4人に１人が貧困

【図１】は、日本の相対的貧困率に関して、2017 年 6 月に政府が公表したグラフである。相対的貧困率は 15.6%であり、市民の約 6.4 人に１人が日本において貧困ということになる。人口にして、1982 万人に相当する。表中の 13.9%は、子ども（17 歳以下）の貧困率である。40 人学級中約 6 人が貧困となる。50.8%という突出した数字は、ひとり親の貧困率である。半数以上のひとり親が貧困である。前回（2014 年発表）に比して、貧困率は若干「改善された」と報道された。相対的貧困率は前回 16.1%だったので、0.5 ポイントの減少である。ただ、改善されたと言っても次に触れる、日本における標準的な所得である中央値は年収 245 万円（単身、可処分所得、年収）と前回と変わっていない[2]。また、所得中央値は、ちょうど20年前の1997年の297万円をピークに下がり続け、今回の発表までに、年収で 52 万円も下がっている。そして年収が下がる一方で、貧困率は逆に、1997 年の 14.6%から増加傾向にある。換言すれば、日本においては、市民生活が地盤沈下している上に、貧困層がじわじわと増えているのである。このまま推移すれば、「中間層消滅」（駒村康平）が危惧されてさえいるのである。

【図１】日本の相対的貧困率

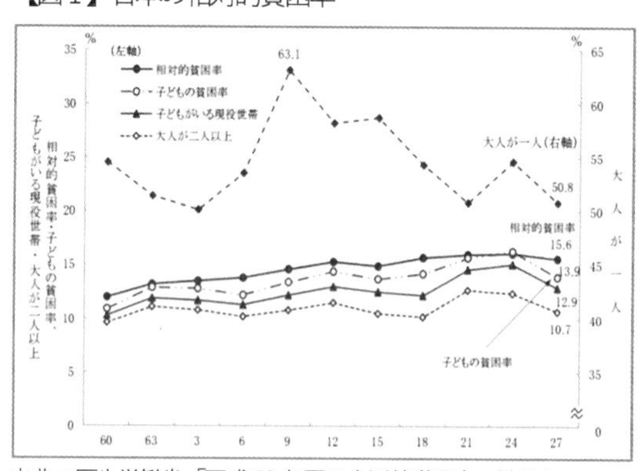

出典：厚生労働省「平成28年国民生活基礎調査の結果」

---

[2] 今回の貧困率「改善」は、結局のところ、「これは2012年には貧困線に満たない収入しか得られなかった人の一部が2015年には貧困線以上の収入を得られるようになったが、中央値を超えるほど所得が増加した人は少なかったことを意味する」（中嶋哲彦（2018）「貧困問題は解決の向かっているか」『誰も置き去りにしない社会へ』新日本出版社）

②　相対的貧困率の測定

相対的貧困率の測定方法を説明する。【図２】にあるように、日本において、所得のない人から、所得が低い順に並べ累積させていき順番で真ん中の人の所得（中央値）を標準的な所得として決める。平均値でないことに注意を要する。高額所得者がいるため、平均値は実態を表さず、中央値がより実態に近いとされている。そして、その半分を貧困線とし、それ未満の収入の人口を全人口で除した数値を相対的貧困率とする。

日本の貧困率は、OECD 諸国の中でも高く、ワースト５位～6 位に位置する。日本は世界でも「貧困大国」なのである。

【図２】等価可処分所得金額別にみた世帯員数の累積度数分布

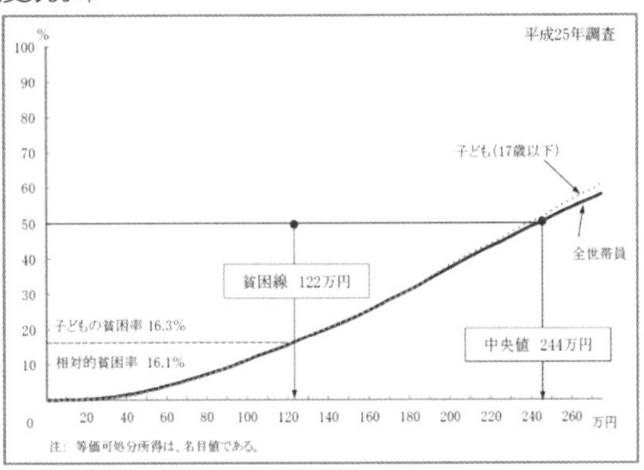

出典：厚生労働省「平成25 年国民生活基礎調査の結果」

（3）障害者の貧困実態

近年になって障害者の貧困についての調査が公表されてきた。

①　障害者４人に１人以上が貧困　～国民生活基礎調査に基づく調査（2015 年）

慶応大学の山田篤裕らによる調査である。国民生活基礎調査（2013 年実施）のデータにおいて、「障害や身体機能の低下などで、手助けや見守りを必要としていますか」という調査票の質問に「必要」と答えた人を対象に、年代別に分析し、貧困率を算出したものである[3]。【図３】にあるように、20 歳から 64 歳においては、障害者の貧困率は４人の１人以上に達し障害のない人に比べ、ほぼ2倍となっている。障害者本人のみならず、世帯所得で貧困率を算定している。本調査は、障害者世帯についての基礎調査としては初めてのものであり、調査に当った百瀬優は、「政府は子どもなどを対象にした貧困率は計算しているが、障害者に限った貧困率は出していない。障害者の貧困の問題は、その問題の大きさに比して基礎的なデータは少ない。今回の調査は、障害者の貧困の実態を明らかにする貴重な研究だ」と評価している[4]。

【図３】障害者と障害のない人の貧困率

	障害者	障害のない人
20～39歳	28.8%	13.8%
40～49歳	26.7%	13.4%
50～64歳	27.5%	14.6%

出典：2016年2月16日「東京新聞」、山田・百瀬・四方（2015）注1、p112

②　貧困線未満の障害者が８割　～きょうされん「障害のある人の地域生活実態調査」（2016 年）

きょうされん（共同作業所の全国連絡会）が行った全国調査である。きょうされん加盟事業所等に対して、障害福祉サービスを利用している障害者１万 4745 人（回答数）を対象に2015 年７月～2016 年２月にかけて行われた【図４】。

---

[3] 山田篤裕・百瀬優・四方理人（2015）「障害等により手助けや見守りを要する人の貧困の実態」、『貧困研究』vol.15、pp99 - 121

[4] 全国障害者問題研究会「ニュースナビ」2016 年５月号

【図4】障害者と国民一般の収入比較

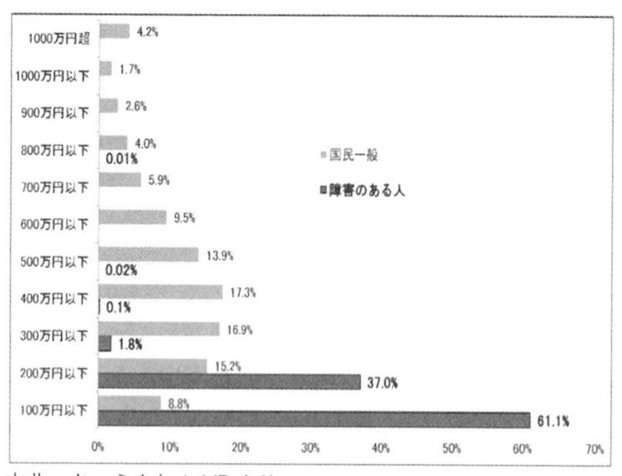

出典：きょうされんHPより

主な結果としては、貧困線を下回る障害者が 81.6%に達した（但し本人収入のみ)。年収200万円以下（ワーキングプア）が 98.1%（一般 24.0%)、月額収入42,000円以上83,000円未満が48.8%を占め、生活保護利用率は11.4%（一般1.7%の6倍以上）に達する。こうした障害者の所得の低さもあって、親と同居が54.5%に上っている。

団体の任意調査であるため、本人以外の家族員も含めた世帯収入は捕捉されていないが、障害者の置かれている深刻な貧困状況が明らかになっている。

（4）障害者の貧困の特徴と孤立につながるメカニズム

先行研究を頼りに、この問題を考えてみよう。

①　障害者の貧困が「発見」されにくい3つの理由

まず、鈴木（2010）[5]は、障害者の貧困が「発見」されにくい理由について、3つの理由を挙げる。第1に、障害者の社会的な排除である。障害者が社会のメインストリームから一貫して排除されており、低位な生活実態が容認されやすいことだ。第2に、障害者の家庭への包摂である。貧困が家庭に包摂されて見えにくくされていることである。第3に、低所得が「当たり前」になっており、サービス利用時・生活上の追加的出費が目立たないことである。しかし、実態は所得保障制度からの排除と所得の低水準がある上に、保健福祉サービス利用時の負担による家計への重圧によって貧困化が深刻化することになる。

鈴木の説明は説得的である。（3）でみたように、障害者の貧困状況は改善されないままに推移している下で、障害者の所得や生活の支援が依然として家族頼みになっている。【図5】の明らかなように、同居割合をみると、30歳代後半であっても、一般世帯の約4倍の同居率となっている。貧困であるために親の収入に頼らざるを得ず、介護も親を当てにせざるを得ないという理由から、同居率が高くなっていると考えざるを得ない。

そして、こうした同居率の高さによって、貧困を家族の中に閉じ込め、覆い隠すことになる。何よりも障害者が親元を離れ、自立＝自律した生活をしようと思った場合に、生活費等経済状況がそれを阻むことになる。

【図5】障害者の同居割合

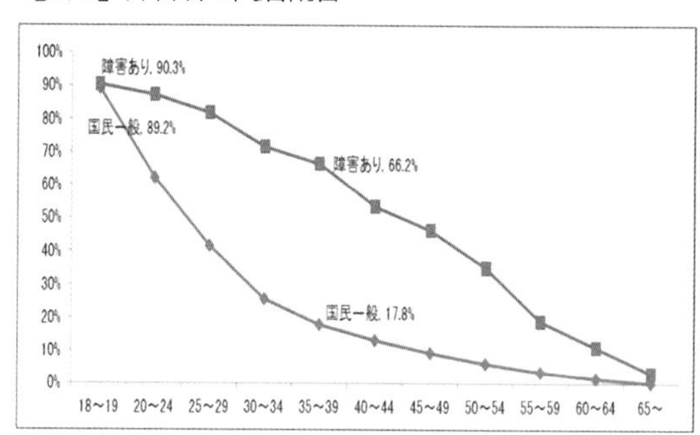

障害あり：きょうされん実態調査から、年齢別に、親と同居、配偶者なしの割合を算出

国民一般：総務省・2010年国勢調査から、年齢別に、親と同居、未婚の割合を引用

出典：きょうされんHPより

②　障害者の貧困が社会的孤立を生むメカニズム

田中智子の一連の研究[6]は、前項の鈴木の指摘を実証

5　鈴木勉（2010）「障害児者の貧困の諸相と固有性を明らかにする」、『障害者問題研究』No.140

6　田中智子（2010）「知的障害者のいる家族の貧困とその構造的把握」、『障害者問題研究』No.140 同（2010）「障害者のライフサイクルと貧困」、『貧困研究』vol.5 など。

的に裏付け、貧困がいかに孤立を生み、深刻化させているかを明らかにしている。

Ⅰ．シングルインカムの強制

まず、子どもに障害がある場合に、家計がシングルインカムにならざるを得ないことだ。

母親は子どもの介護に専念し、「ケアの専従者」となる。重度の障害であればあるほど、濃密なケアが求められ、母親の一層の専従化が進行し、母親の就労機会が剥奪され、結果として、家族の貧困が進む。父親は生計中心者として外で働くことになるが、障害のある子どもにかかる様々な費用は、手当や年金だけでは到底穴埋めできない。

Ⅱ．本人の生活が本人収入によって成り立たない

年金だけでは、追加費用（ショートステイ利用時食費、ガイドヘルパーの分の交通費や施設入場料、日常生活上の、ガソリン代、電気代、水道代、こだわりの物の購入費等）は賄えない。したがって、親の収入に依存せざるを得ないことになる。

Ⅲ．地域社会における孤立と家族内での母親の孤立

母親が、障害者の介助者、準専門家としての役割を引き受けながら生きるということは、その他の社会関係から切り離されることを意味する。当然ながら、地域社会における様々な関係は遠のき、地域における孤立化が進む。

また、母親の自己喪失をももたらす。子どものケアに追われ自分の時間をもてないという「時間の喪失」、自分の人生のあきらめ＝「人生の喪失」、子ども以外と関係が持てない「関係の喪失」。そしてそれらの結果は母親の「自由の喪失」に結果する。

さらに、家族内での母親の孤立をもたらす。子どもとの濃密なケアの関係は、家族内での母子一体化が生じ、他の家族メンバーから孤立することにつながる。父親が「当てにできない存在」になってしまうのである。

Ⅳ．障害者のライフサイクルと貧困

さらに、家族周期が進行するほど世帯収入に占める本人収入の割合は増加し、障害基礎年金が生計の当てにされるようになる。

他方、支出においては、本人のケア費用は下がらない。父親の年齢の上昇によって、世帯月収と世帯人員は減少するが、本人の支出は変化せず、月収に占める本人支出分の割合は増加し、生活は一層苦しくなる。

こうした世帯収支の悪化は、障害者本人の生活のパターン化、他律化を生む。例えば、唯一の楽しみが自販機で買うジュースになるとか、家族によるケアが困難となると生活が縮小することになり、社会関係が細くなる。

つまり、家計に占める親と子の収入配分が家族周期の進行に伴い逆転し、親の高齢化とともに、子の障害基礎年金を中心とした生活となり、親子の生活が分離困難となることを示している。障害児の出生後、生涯に渡って貧困が継続することになってしまうのである。

【表１】ライフサイクルと障害者本人の収入割合

表１-１父親の年代と世帯収入に占める障害者本人にかかる収入の割合

父親の年代	有効ケース数	世帯収入に占める本人収入の割合（%）
50歳未満	2	11.67
50歳代	23	16.04
60歳代	35	25.61
70歳以上	11	31.64

表１-２家族同居のケースにおける父親の年代と本人への支出配分

	有効ケース数	平均世帯収入(円)	平均本人支出(円)	本人分割合(%)	平均世帯人員数(人)
50歳未満	2	575000.00	122865.18	21.37	5.00
50歳代	12	457141.86	156631.54	34.26	4.29
60歳代	16	356250.00	144931.58	40.68	3.71
70歳以上	2	250000.00	195044.00	78.02	3.50

出典：田中、注4、『貧困研究』Vol.5、p.83

３．障害者の貧困と生活保護制度

（1）障害者の自立生活を支える生活保護

上述の諸調査や先行研究が明らかにしているように、障害者の貧困状況は深刻であり、貧困ゆえに家族依存とならざるを得ないことから、地域や社会からの孤立した生活を余儀なくされている。こうした状況は、年金等の引き上げはもとより、就労収入などの改善を進め抜本的な対応策が求められていることを示している。

他方、生活保護によって、障害者の生活を支えることが当面は現実的な方法となる。きょうされん調査が明らかにしている通り、障害者の生活保護率は一般の 6 倍以上に上り、10 人に一人以上が生活保護を利用している。ただ、4 人に 1 人以上が貧困という障害者の相対的貧困率からみると、それでも貧困な障害者がすべて生活保護に結びついているとは言えない点は注意を要する。

こうした視点から障害者の貧困と孤立の打開策を考えると、まずは、最低の生活ではあっても生活保護制度によって生活を保障しつつ、介護を含む様々な障害者支援サービスを活用して社会参加を保障して、障害者の自立（自律）した生活を支えることが認められなければならない。次に、こういった考え方を推し進める上での、生活保護制度の課題を検討してみよう。

（2）「自立観」の発展

生活保護制度の目的は、健康で文化的な最低生活の保障と自立の助長である（生活保護法１条）。この自立については、いったん生活が困窮し生活保護の利用に至った人が、主として就労によって、生活保護から抜け出すこと、すなわち生活保護の廃止とされてきた。生活保護の現場においては、この考え方は定着しているといってもいい。

しかし、1950 年の立法時から、自立とは生活保護を受けないことではなく、保護利用者の内容的可能性を発見しその能力にふさわしい状態で社会生活に適応させることとされてきた[7]。これを支援の側から解釈すると、自立支援は、貧困状態によって抑圧されてきた利用者の可能性や潜在的能力の実現に向けての支援ということになる。これを現代の生活保護の政策動向と関連させれば、自立とは、３つの自立（日常生活自立、社会生活自立、経済的（就労）自立）などの総合的保障を進め、もって人格的な自立、生活の自己決定を可能な限り保障することといえる。保護利用者にとっては、経済的生活の保障を土台に、日常生活における自立や社会生活における自立を、各福祉制度や支援制度を活用して進め、自分らしい生活、すなわち自己実現ができる生活をめざすことになる。支援者（ケースワーカー）にとっては、利用者の自己実現を、利用者との合意に基づき、利用者と協力し、利用者に寄り添いながら支援することが、すなわち自立助長といえよう。

留意すべきは、経済的な自立を生活保護で保障し、他制度を活用しながら、人格的な自立をめざすことも立派な自立といえることである。保護を利用しながらの自立も積極的に承認される。例えば、生活保護を利用しながら、障害のある人が地域生活を営むことも自立生活の一形態である。これは、障害を補完する様々な道具や支援を活用して、自分の生活を自己決定することを自立とみなし、障害者福祉に大きな影響を与えた 1970 年代のアメリカの自立生活運動の理念から導かれるものである。

こうした自立観は、社会福祉法３条など、現在の社会福祉においても承認されるものである[8]。障害者の貧困と孤立を検討する際には、まずは、このコンセプトを基底に据えなければならない。

（3）生活保護の原則である「必要即応の原則」（生活保護法９条）

生活保護と障害者というテーマを考える場合には、生活保護の原則の中でも、必要即応の原則が重要である。必要即応の原則とは、「保護は、要保護者の年齢別、

---

7 小山進次郎（1975 復刻版）『生活保護法の解釈と運用』全国社会福祉協議会、92 頁
8 古川孝順（2005）『社会福祉原論』誠信書房、同（2007）「自立の思想」『エンサイクロペディア社会福祉学』中央法規など。

性別、健康状態等その個人又は世帯の実際の必要の相違を考慮して、有効且つ適切に行うものとする」という原則である（生活保護法９条)。つまり、障害のある人の場合は、その「個人の必要」（ニーズ）は基本的に満たされなければならないのである。

この原則の具体的な効果として、生活保護では、次のような措置が取られている。

①　障害者加算

まず、最低生活費の算定における障害者加算がある。障害により最低生活を営むのに健常者に比してより多くの費用を必要とする障害者に対応して、一般人の生活費に障害者加算が上乗せされる。障害者加算には、通常認定される２つの加算（①身障手帳１，２級、国民年金１級該当者等の場合、26,310 円〔大都市部の月額、以下同じ〕、②身障手帳３級、国民年金２級該当者等の場合、17,530 円）に加え、重度障害者加算（重い障害があり、常時の介護を要する場合。14,480 円）や家族介護加算（①の障害者を家族が介護する場合。12,140 円)、他人介護加算（介護人をつけるための費用。69,710 円）などがある。特に、障害者サービスや介護保険サービスによって満たされない介護ニーズに対してこれらによって補足することができ、有用である。なお、加算制度は、加算対象者についてより高い生活水準を保障しようとするものではなく、加算によってはじめて加算がない者と実質的な同水準の生活が保障されるものであることに注意を要する（この意味では、マイナスを穴埋めする制度ともいえる)。

②　障害者の自動車保有

現在、生活保護の運用においては、自動車の保有は原則として認められていない。主には、自動車が依然として高価な資産とみなされることや維持費の捻出が生活保護では困難であること等による。しかし、日常の買い物や知人との交流など、自動車は有用性が高い物品である。また生活保護の目的は、前述のように、健康で文化的な最低限度の生活の保障と自立の助長である。既に、一般世帯の自動車の保有率は２人以上の世帯でも 79%に達している[9]。これらのことを勘案すると、生活保護において自動車の保有を原則として禁止する理由は乏しい。

ただ、こうした制限的な運用はあるものの、障害者においては、一般人に比して、自動車の必要性は高く、それなしには日常生活は送ることができない。こうした実態を踏まえ、障害者については、その通院、通所、通学に必要があれば、保有が認められている。

③　家賃等の特別基準

その他、車椅子使用の障害者等が室内でも移動できるようバリアフリー住宅や広いスペースを要する場合には、通常の住宅扶助基準額に一定額を上乗せできるようになっている。

（４）障害者の自立を阻害する「扶養の優先」（生活保護法４条）

ところが、障害者の自立を阻害する規定が生活保護法に存在する。その最たるものが、扶養の規定である。生活保護法４条２項では、「民法に定める扶養義務者の扶養及び他の法律に定める扶助は、すべてこの法律による保護に優先して行われるものとする。」とある。条文からは、扶養が保護に先立って（優先して）履行されなければならないかのような解釈を生む余地があるが、運用上はそうはなっていない点が重要である。

まず、障害者と扶養で問題になる、親の成人の子に対する扶養は、生活保護の扶養においては「弱い義務」（生活扶助義務）に過ぎない。すなわち、扶養義務者が自己の生活を犠牲にすることなく、扶養義務者とその家族がその者の社会的にふさわしい生活を成り立たせたうえで、なお経済的に余裕がある限度で援助すれば足りるとする義務である。言い換えれば、「余力」の

---

[9] 内閣府（2017 年)「消費動向調査」主要耐久消費財普及率

範囲での援助と考えられる[10]。

また、この優先という意味は、生活保護の開始に当って満たさねばならない条件という意味ではない。したがって、親などの扶養義務者からの援助がなくても生活保護を開始する上ではまったく問題ない。扶養義務者からの仕送りなどが始まったら、その分が収入となり生活保護費が減額されるだけである。

したがって、実態的にも、このような扶養義務を履行しているのはごく少ない。保護利用者の扶養義務者のうち、扶養義務を履行している者の率は 4.12%に過ぎない[11]。その後調査はされていないが、現在も大差ないと思われる。

障害者が地域生活を送り、自立（自律）した生活を目指そうとした場合、この扶養の規定が障害となる。それまで、障害者である子を扶養していた親に対して、福祉事務所が「これまで、子どもさんを扶養してこられたのだから、子どもさんが独立しても、経済的には援助してください」と要求されれば、親は何らかの援助をしなければならないと考えてしまうだろう。しかし、生活保護の運用上は、無理な扶養援助は求められていない。順番から言えば、親の方が先に逝くことを考えれば、子どもが若く体力があり適応力があるうちに生活保護を活用して地域生活に移行してその生活に慣れた方がよいことは明らかであろう。

私が知っている、生活保護を使って地域で単身生活を送っている、重度の障害者は、地域生活を送るまでに親と 10 年間にわたり喧嘩をしたと言う。親としても、子どもの地域生活については様々な心配もあろう。しかしながら、上記のような諸般の事情や生活保護の仕組みを考えた場合、生活保護を使って、障害のある人が地域で自立した生活を送ることは積極的に承認されるべきであると考える。

また、仮に親が子どもの障害年金を当てにして子どもの独立を拒んでいるとしたら、このような親の「搾取」から子どもを守るために子どもの独立した地域での生活をより積極的に進めなければならない。

（5）生活保護運用を改善させた障害者による裁判

こうした生活保護制度の現状を考えたとき、障害者が生活保護制度の改善のために、裁判を通じて取り組んできたことは特筆されるべきことである。

①　障害者の介護費用を争った加藤訴訟（秋田地裁平成5年4月23日判決）

重度障害者であった加藤鉄男さんは、今後の入院等のために生活保護費と障害年金から 80 万円の貯金をしていた。福祉事務所は預金調査からこの貯金を発見し、その半額を収入認定し、保護費を減額したため、加藤さんはその処分を不服として提訴した。裁判所は、最低生活の維持と自立の助長という生活保護法の目的に反しない限り、生活保護費の使途は基本的には保護利用者の自由であるとして、生活保護費等を原資とする預貯金は社会通念上著しく高額にならないかぎり、その保有は容認されるとして、看護目的のための保護費を原資とした貯金 80 万円の保有を認めた。県と国は控訴せず確定した。

②　福祉年金の収入認定と障害者の介護費用を争った高（たか）訴訟（名古屋高裁平成 12 年 9 月 11 日判決）

24 時間介護を要する重度障害者であった高信司さんは、お母さんが亡くなったことから、お母さんが生前に掛けていた心身障害者扶養共済年金（掛金月500円、受給額月２万円）を受給することができるようになったが、福祉事務所は年金額を収入認定して、保護費を２万円減額してしまった。高さんは、母親が自分の亡き後のことを考え、自らの生活費を削って掛けてきたにもかかわらず、結果としてその努力は生活保護費を減

[10] これに対して「強い義務」（生活保持義務）は親の未成熟子（中学生まで）に対する義務、配偶者相互間の義務をいい、扶養義務者は自らの最低生活費を上回る収入分は扶養援助しなければならない。

[11] 1987 年厚生省保護課「目で見る保護動向」

らすことにしかならず、自らの介護状態の改善には全く役立てられなかった。当時の高さんは、寝返りが打てなかったため、ベッドに寝るには常時添い寝する介助者が必要な状態であったが（傍に介助者がいないと寝返っても元に戻れずに窒息するおそれがあった）、生活保護の他人介護料が月 12 万 1000 円しか出なかったため、ベッドで寝ることができるのは週に1回だけで、残りの6日間は車いすに乗ったまま寝ざるを得なかった。高さんは、2 万円が介護のために生かせたら、自分の介護も改善されるにもかかわらず、全額を収入認定した福祉事務所のやり方に納得できず、提訴した。裁判所は、高さんに必要な介護費用（24 時間介護を毎日保障するには 70 万円が必要だった）までは認めなかったが、扶養共済年金の収入認定処分を取消した。地裁、高裁、最高裁とすべての裁判で勝訴し確定した。

③　障害者の自動車保有、移動の自由を争った峰川訴訟（福岡地裁平成 21 年 5 月 29 日判決）、佐藤訴訟（大阪地裁平成 25 年 4 月 19 日判決）

前述のように障害者の自動車保有は生活保護の運用上、認められてはいるのだが、福祉事務所がさらに制限的に運用する場合がある。峰川さんの場合には、障害者の妻のリハビリ通院のため、処分価値がまったくない走行距離 25 万キロの老朽自動車を使っていたのだが、福祉事務所から、近くの病院に代わっても同じリハビリはやってくれるし、介護タクシー等も使えるから現在の通院先（家から 10 キロ）に通院する必要はないとされ、保護が停止された事例である。

佐藤さんの場合は、股関節に障害があり、通院に自動車を使っていたところ、公共交通機関を使えば、通院できないことはないとされ、自動車の保有を理由に保護申請を却下された事例である。

いずれも、福祉事務所の処分は取消され、判決は確定した。障害者の「手足」となっていて、移動の自由を保障するためには欠かせない自動車の必要性を率直に認めたものである。

④　障害者が裁判に立ち上がる意味

これらの裁判は、障害者の看護・介護費用や、移動の自由が争点であった。いずれも、障害者が生きていく上で欠かせない重要なテーマ（論点）である。そうした重要なテーマは、生活保護によっても保障されなければならない。それが侵害された場合には、権利侵害として是正するために裁判まで取り組むことは極めて重要である。

ただ、裁判を行うということは、障害のない人にとっても大変なことである。特に日本の裁判は長期に及ぶのが常態化している。この間の金銭的、精神的負担を考えると躊躇せざるを得なくなる。いわんや障害者にとっては相当の負担だ。その負担を乗り越えてまで裁判を起こし続けるのは容易ではない。まさしく命がけである。その意味では、裁判に立ち上がるということは「闘い」と言っていいものだ。しかし、裁判に訴えることよって、生活保護の誤った取り扱いが是正される。最後のセーフティネットである生活保護で認められたことは、日本の社会福祉、社会保障制度すべてで認められなければならない普遍性を持っており、社会福祉制度などが底上げされるのである。

4．最低生活費の引下げが続く生活保護と、障害者の生きる権利

このように、障害者の貧困と孤立防止にとって、欠かすことのできない生活保護であるにも関わらず、近年、最低生活費の引下げが続いている。2013 年から、生活扶助費の最大 10%の減額が実施された。また、2015 年から、住宅扶助費と冬季加算（冬季の暖房代）の減額が行われた。これらの減額は、政治的な理由によるものであって、合理的な減額理由に乏しいことから、2013 年からの生活扶助費の引き下げについては、全国で、29 地裁、900 人以上の原告がその処分の取り消しを求めて提訴している[12]。

現在、生活保護を利用して在宅生活を送っている重

---

[12] なお、国は、2018 年 10 月からも生活保護費を、平均 1.8%、最大 5%、67%の世帯で減額する。2018 年 10 月から 2020 年 10 月まで 3 段階で実施する。2013 年からの引下げに続く引き下げであり、保護世帯の苦境はいっそう深刻化すると思われる。

度障害者の山崎信一さんは、生活保護ケースワーカーが集まる研究セミナーで次のように訴えた。

かけがえのない生活保護

生活保護は、ぼくたちの自立生活の基礎なのです。
生活保護ぬきに、ぼくらのような重度の障害者の自立生活はなりたちません。
だから、介助にかかるお金も、ぼくが生きていくのに必要な生活費も、削らないでほしいです。
それは、ぼくが地域で他の人たちと平等に生きていくための尊厳に関わります。
生活保護を削るということは、ぼくたちに、お前たちは生きていなくていい、と言っているようなものです。
生活保護を引き下げることは、受給している人の価値を下げることです。
ぼくたちがいなくなった方がいい。そう考えているのです。
ぼくたちは、みなさんと同じ人間です。そのことを今一度考えてみてください。
ぼくたちの尊厳を守るのは、みなさんお一人お一人の力にかかっています。
もちろん、社会全体も、応援してくれないといけません。
みんなで、だれの尊厳も傷つけられない社会をつくっていきたいです。

（2016年９月９日　第49回全国公的扶助研究セミナーでの発言）

５．おわりに

以上、障害者の貧困状況が依然として深刻な状況であること、また、そのことが、障害者の社会参加や社会とのつながりを結んでいく上で、障壁となっていることを先行研究によって確認した。その上で、生活保護制度が、障害者の自立生活や、ノーマライゼーションを保障する上で欠かせない重要な制度となっていることを述べた。

障害者がその人らしい人生を保障され社会の一員として包摂されるには、まだまだ道半ばといってよい。しかし、それを進める確かな手がかりを私たちは持っている。この道を切り開いていけるかどうかはこれからの障害者と私たちの取り組みにかかっている。

【解題】
障害者をめぐる孤立

ボランタリズム研究所 運営委員
藤井渉

障害者問題は、これまで本人が「克服」すべきものとして、治る見込みがないにもかかわらず何年、何十年に渡って無意味に機能訓練が行われ続けるなど、あくまで健常者社会を前提にした問題認識がなされ、そして対策が行われてきた。障害による貧困もまた、家庭内の問題とされ、障害者本人の自由がいかに束縛されて孤立していようが、問題視すら十分になされてこなかった経緯がある。ここでは、そういった個人的な問題として内面化されつづけてきた障害者の孤立を、貧困をキーワードに社会的な課題としてあぶり出そうとするものであり、私たち市民社会やＮＰＯがそれにどう向き合うべきかを模索したものといえる。

世間ではこれほど「子どもの貧困」が大きく取り扱われているにもかかわらず、貧困を切り口に障害者問題を取り上げた研究は驚くほど少ない。研究者の立場から障害と貧困、孤立について取り上げた吉永純（花園大学）氏は、先行研究を通して、なぜ、貧困という切り口が等閑にされてきたのか、そして、現に障害者の貧困実態はどのようにあるのかにメスを入れている。

氏は、貧困の発見が置き去りにされてきた背景について、障害者はあくまで家族に扶養されるべき存在とされ、自立の主体として前提されてこなかったことを指摘する。そしてそれに目を向けていくキーワードとして、本人の可能性や潜在的能力の実現といった自立観があり、それを実現する手立てとして、氏が長年取り組んできた生活保護制度を取り上げ、その課題と可能性と整理した上で、障害者本人が裁判に立ち上がり、闘ってきた経緯を振り返りながらその意義について述べている。

他方、言論を通して社会に強いメッセージを投げかけてきたみわよしこ氏は、素朴な疑問を切り口に貧困と孤立の問題について問いかける。障害のある氏自身が、一般市民からの容赦の無い「悪意と善意の暴力」を受けてきたこと、アドボカシーよりもまずは当事者にさまざまな主導権を委ねていくべきこと、モノを言う障害者は嫌われるが、しかしそれが本来の姿であるにもかかわらず、モノを言いにくい知的障害者にボランティアが集中しがちなことなど、ボランティアやＮＰＯにとって不都合だが、しかし目を向けていくべきことを詳らかにしている。

そもそも、自身のことを最もよく知るのはその障害者本人であるにもかかわらず、福祉制度では第三者である支援する側に資源と権限を握らせ、なぜ必要とする本人ではない人たちの手に渡ってしまう傾向にあるのか。ある種、そういった素朴な疑問を投げかけてきたのが障害者自らによる運動であり、生きるために実現させてきたのが日本初の介護保障である「他人介護料」であったことを指摘している。

貧困と孤立の解消を捉える場合、おそらく両氏に共通しているのが、障害者本人らが裁判やアピールを通してモノを積極的に発言してきた歴史であり、当事者も支援者もそこに軸足を持たないと、貧困や孤立の解消には向かわないことを丹念に示しておられるように思われる。

第3章
高齢者をめぐる孤立

高齢者の貧困と社会的孤立

特定非営利活動法人ほっとプラス 代表理事
聖学院大学 人間福祉学部 客員准教授
藤田孝典

特定非営利活動法人ほっとプラス(以下、ほっとプラス)では、生活困窮者支援として生活相談や福祉制度利用支援、住まいの提供を行っている。またそれと並行し、サロン活動と呼ばれる定期的な交流会を開催し、被支援者が社会やほっとプラスと繋がり続けられる場を提供している。NPO 法人の生活困窮者支援活動を通じて、貧困に陥る高齢者の多くは「収入」と「貯蓄」がないだけでなく、「頼れる人」がいないという 3 つの「ない」が見えてきたからである。頼れる人がいないこと、則ち社会的に孤立していることは、福祉制度や医療に関する情報へのアクセスを失うだけでなく、様々な問題の早期発見を難しくさせ、貧困へのリスクを高めることになる。ゆえに、個人や市民が積極的に社会的孤立へ取組むことが、高齢者が貧困に陥る可能性を減らし、よりよく生きられることに繋がると言える。

【キーワード】●下流老人　●社会関係資本　●社会的居場所作り　●生活困窮者支援

1．はじめに

私はNPO法人でソーシャルワーカーとして 10 年以上生活困窮者支援に携わってきた。2008 年の「年越し派遣村」に始まり、近年では、「下流老人」や「子どもの貧困」といった貧困問題に関する新たな言葉が生まれ、社会化され始めている。また、無料低額診療制度の広がりや生活困窮者自立支援制度の制定など、以前は生活保護しかなかった生活困窮者への福祉制度が増えてきている。しかしながら、私のNPO法人への相談の数は変わらず、住まいの提供についても新たなグループホームやシェアハウスの開設など受け皿を増やしている状態である。

生活困窮者支援分野に関わると、「生活困窮者」が抱える困難は経済的・金銭的な困窮の問題だけではないと常に痛感する。私がよく指摘しているのは、困窮状態の高齢者には3つの「ない」があり、1つは経済的ではなく「頼れる人がいない」という点である。頼れる人を持つこと、社会関係資本を増やすこと、つまりは社会的孤立の解消が防貧の観点からも効果的であると考えている。

本原稿では、初めに私が代表理事を務める特定非営利活動法人ほっとプラス(以下、ほっとプラス)の活動内容の概要と社会的孤立の解消にむけて行っている取組みについて紹介する。後半では、ほっとプラスでの活動を通じて気づいた高齢者の貧困問題と社会的孤立について私の問題意識を共有する。そして最後に、今後の市民社会のあり方や潜在的な可能性について議論したい。本寄稿を通じ、私達の活動をお伝えし、社会的孤立を乗り越えてよりよい社会の実現に寄与できれば幸いである。

2．活動内容

（1）法人の活動内容

私が代表理事を務める特定非営利活動法人ほっとプラスは、埼玉県さいたま市を拠点に、生活に困っている方・ホームレス状態にある方・社会的に弱い立場にある方への支援活動をしている団体である。法人の活動は、①生活相談、②住まいの提供、③日常生活支援、

④ソーシャルアクションの４つを中心に、ソーシャルワーカーが支援活動をしている。ミクロ(困難を抱える個人)、メゾ(地域作り)、マクロ(政策や社会全体)すべてに働きかける、「ソーシャルワーク」を通じ「すべての人がほっとできる社会」の創造を目指し活動を続けている。(以下の図１参照)

【図１】ほっとプラス活動内容

①生活相談は、無料で行っている生活や福祉に関する相談対応である。生活における困りごとや不安について生活相談員が面談や電話等で話をお聞きし、ご本人のご希望を聞きながら、一緒に解決を図っている。相談は、「住む家がない」「生活費に困っている」というものから、「利用可能な福祉制度や相談窓口を教えてほしい」「福祉制度を利用しているが困りごとがある」等、多岐にわたる。また年齢も20代の若者から70代・80 代の高齢者まで幅広く、その背景も様々である。ただ共通して言えるのは、多くの方は病気や障害、借金、失業、孤立など複合的な課題を抱えているという点である。その一つ一つの課題や悩みに、ほっとプラスのスタッフだけでなく、弁護士の方や医療関係者の方、公的機関の方などと協力しながら解決・改善を目指して支援を行っている。

②住まいの提供はアパートや、一軒家を用いたシェアハウス、障害者向けのグループホームを運営して、住まいのない方に提供している。ソーシャルワーカーが日々の生活に関する相談支援を行い、住居の確保が困難な方に対して地域での生活をサポートしている。生活が落ち着かれた方には、近隣の公営住宅や民間アパートで自立した生活が送れるよう転居のお手伝いもしている。また運営している物件以外でも、必要な場合は地域の不動産屋さんにご協力いただいて、すぐに入居できる物件を紹介している。

③日常生活支援は、孤立しないでほっとできるまちづくりを目指して、日常生活の支援やサロン活動を通じた地域での居場所作りを行っている。路上生活の長い方、病気や障害のある方は、路上生活からアパートに移り一人暮らしを始めることに不安や困難がある場合が多い。そのため、福祉制度につなぎ衣食住を確保するだけの支援ではなく、長期的に伴走する支援が必要である。そこで、社会福祉士が定期的に訪問し、生活保護制度や障害福祉サービスに関する説明、通院同行、関係機関との調整などを行っている。障害者向けのグループホームで生活されている方には、お掃除の声掛けやお手伝いをしたり、一緒に家計簿を確認したりと、安心して自立した生活を送ることができるよう支援している。また私たちが運営する住居から出て、地域で一人暮らしをしている方にも社会との接点を持ってほしい、私達に気軽に相談できる関係作りをしたいと考え、月に１回の食事会(サロン活動)を開催している。年に１回は地域のお祭りにも出店し、地域での居場所を提供できるよう取り組んでいる。

④ソーシャルアクションとは、社会福祉制度の創設や制度運営の改善を目指し、世論に働きかける活動である。現場での支援や活動を通じて、様々な方に共通する問題や課題を発見し、可視化し、社会に問題提起を行っている。生活困窮者の支援活動に携わる中で、多くの方の生活保護申請や生活を立て直すお手伝いをしてきたが、相談に来られる方の人数は減らず、むしろ増えている。その度に、現場で相談支援をするだけでは何も変わらない、政治課題として取り上げてもらうのが重要ではないかと痛感する。また、制度や法律があると、困っている方々をその制度の枠組みの中で支援しよう、枠組みにあてはめようとしがちだが、制

度の不便さや使いにくさがあれば、それを改善しようと働きかけることも大切である。現場で相談支援をしながら、当事者の声や現場の経験を「社会化」することが、今の社会福祉に必要なことだと考え、このソーシャルアクションに力を入れて取り組んでいる。

（2）取組みの経緯

私が生活困窮者支援に携わり始めたきっかけは、偶然、ある50代の「おっちゃん」と知り合ったことだった。その方は地方銀行の支店長をしていたものの、うつ病によって路上で生活せざるをえなくなった。おっちゃんと話すうちに「何故このような境遇だった人が、路上に寝ているんだろう？」とホームレスの問題に興味・関心を持ち始めた。おっちゃんとは週に1～2回ほど会っていたが、半年が経った頃、急におっちゃんが住むテントが撤去されてしまい、そこで生活されていた方々がいなくなってしまった。「うつ病だったら労災の申請ができますよ」「生活保護の対象になりますよ」などと大学で学んだ知識をもとにいい生活をしてもらいたいと声を掛けていたが、結局「自分は何もできなかった」と無力感を感じ、「社会福祉や福祉制度を十分に理解できている」と思っていたプライドも傷ついた。以後、贖罪の意識もあり、「おっちゃん」のような人を助けられる勉強がしたいと本腰を入れてホームレス支援の活動を始めた。

その後は新宿に週1回通い食べ物の差し入れや相談に耳を傾けたり、福祉事務所でホームレス巡回相談員としてアルバイトをしたりと大学時代は様々な支援の形態に関わった。また、それと並行して地元で任意団体としてボランティア団体を立ち上げ、河川敷などをまわりはじめた。これらの活動をする中で、生活保護を受けてアパートに入っていたはずなのに河川敷に戻ってくる人に多く出くわした。アルコール依存症や軽度の知的障害を抱えているにも関わらず必要なケアを受けられず、家賃滞納から再路上化してしまうのである。そのような人から相談を受ける中で「シェルターを立ち上げるので一緒に住みましょうか」という話から、活動が始まった。

【図2】車上生活

（3）社会的孤立の解消のために行っていること

NPO法人の活動を始めたきっかけは安心して住める場所を提供するためであったが、困窮状態から抜け出した後も定期的に私たちと関われるようにと考えサロン活動を行っている。

サロン活動は、外出のきっかけや交流の場を提供する、居場所作りの活動を指す。 ほっとプラスでは、「いこいの会」という名称で月に1回、地域の公民館で開催している。今支援している方だけでなく、以前支援していた方やボランティア、スタッフが参加し、食事作りや、卓球やカラオケ等のレクリエーション活動を行っている。サロン活動への参加をきっかけにして交友関係が広がったり、他の日中活動に参加するようになったりと社会との接点を広げることができている。また、定期的に会う場を設けることで、孤立しない環境作りやすぐに相談できる関係作りを行っている。いこいの会は10時頃に集まり、必ず参加者全員で料理を作っている。一緒に料理をすることで会話のきっかけや交友関係が広がることだけでなく、普段料理をあまりやらない人の自炊のきっかけとなればいいと考えているからである。

この活動を行う中で嬉しい話を聞いたことがある。この活動は平日の昼間に行っているため、参加する方の多くは高齢者や、体調が理由で日中仕事に行かれていない方や福祉作業所に通われている方である。生活を立て直し、日中仕事をされている方は参加するのが難しい。そのため私達に相談に来た直後に数回参加し、その後参加できていない方も多数いらっしゃる。毎月いこいの会のイベントのお知らせを送付しているが、このような１年以上来ていない方には送るのをやめようか、という話が職員の中で話し合ったことがある。きっとこのイベントに来なくても職場や福祉作業所、デイサービスなど彼らの社会的居場所ができているのだから、と考えたからである。その時に、「お知らせが来ることで、気にかけてもらえている気がするから、行くことはできないが送り続けてほしい」という声が寄せられた。月に１回のイベントのお知らせでも楽しみにしてくれている人がいて、それが社会と繋がっているという安心感になっていたということを知ることができ、私たちにとっても活動の励みになった出来事であった。

【図3】いこいの会

3．活動から見えた課題

第２章に書いたようにほっとプラスでは生活相談や住まいの提供と並行し、サロン活動といった社会的居場所を作る活動を行っている。ほっとプラスは「ジェネラルソーシャルワーク」の実践を目指しており、対象者は限定していない。しかしながら、相談者の多くは40 代後半より上の男性が圧倒的に多い。本章では活動から見えてきた、高齢者の貧困と社会的孤立について取り上げる。

（1）「下流老人」の特徴

『下流老人』を執筆した際に、下流老人とは「生活保護基準相当で暮らす高齢者、および、その恐れのある高齢者」とした。そして特徴として、①収入がない・少ない点と②貯金がない点を挙げた。しかしながら、この問題提起をする中で、私はただ「経済的」に貧しい高齢者が増えていると指摘したいわけではなかった。私が高齢者の貧困問題を社会に訴えてきた中で何度も強調しているのは、「下流老人はお金だけがないのではない」という点である。貧困に陥った高齢者の多くは「頼れる人」がいないという３つ目の特徴を持っているのである。

一見、社会的孤立は貧困とは関係ないように思えるだろう。しかしながら、人との繋がりは、情報を知ったり医療や福祉制度と繋がったりするきっかけになるほか、事件や事故に巻き込まれるリスクを軽減することもできる。

最たる例が認知症である。現在、65 歳以上の高齢者の７人に１人[1]が認知症患者であるとされ、特段に珍しい病気ではない。認知症に早期に気づけるかどうかも人との繋がりがあるかどうかという点が大きい。初期の認知症は医療や福祉の専門家は気づくことができても、本人が自分の症状を自覚するのは難しい。中期になり診断が出ても、「検査が間違っている。私はしっかりしている」と主張する高齢者の方もいるほどである。そのため、日頃から周囲の人との付き合いがない場合は、症状が軽い間に気づかれることなく、徘徊をして警察に何度も保護されるようになる、買い物ができなくなる、家がゴミ屋敷化する、貯金を使い果たして生

[1] 二宮利治「日本における認知症の高齢者人口の将来推計に関する研究」『厚生労働科学研究費補助金厚生労働科学特別研究事業　平成26年度　総括・分担研究報告書』2015年

活に困窮してしまうなど、一人での生活が難しくなるまで発見されないのである。見つかったときには、問題や症状が重篤化しているケースが多い。また認知症によって事件に巻き込まれるケースも多い。詐欺や悪徳業者の被害に遭うのも一人暮らしの認知症高齢者が多い。認知症であっても、少し怪しいと思ったときに相談できる人や家族が近くにいる人は被害に遭いにくい。相談すると、「○○さんも同じようなことがあったらしい」「テレビで有名な●●詐欺ではないか」等と情報が入るからである。逆に一人だとすべて自分で判断せざるを得ないため、詐欺の被害に遭う可能性が高まってしまうのである。

加えて、障害などがない方の多くは、そもそも福祉制度の利用経験が少なく、制度や窓口についての知識がない方が多い。そのため、周囲の人がいない場合、高齢期になり自らが当事者にならない限りは福祉制度や利用に関する情報は入らない。高額療養費制度や介護保険、生活保護等、高齢期になれば利用する可能性が高い制度についても、「○○という制度を使えて助かった」等と情報があれば、自分が当事者になったときに「○○制度を使いたい」と言うことができる。日本の社会福祉制度は申請主義のため、制度を知らなければ使えない、制度を教えてもらわなければ使えないのである。そのため、周囲との繋がりによってもたらされる情報量が制度利用を左右し、生活を左右することがある。

（2）課題

第2節で人との繋がりの大切さはご理解いただけたと思うが、問題は「どのように繋がりを作るか」という点である。内閣府の調査[2]では高齢者の近所づきあいの状況について国際比較を行っている。それによれば、「相談事があったとき、相談したり、相談されたりする」と回答した割合は 18.6%で、「病気の時に助け合う」と回答した割合は 5.9%であった。また、家族以外の人で相談しあったり、世話をしあったりする親しい友人がいるかという質問に対して、「いずれもいない」と回答した日本人高齢者の割合は 25.9%で、他国の高齢者と比べて最も多かった。この調査結果から核家族化が進む現代において、日本の高齢者は友人や近所の人とも積極的に交流せず、暮らしていると言える。またこの調査では、高齢者の約4割が「孤独死、孤立死を身近に感じている」という結果が出ている。

【図4】高齢者の近所の人との付き合い方

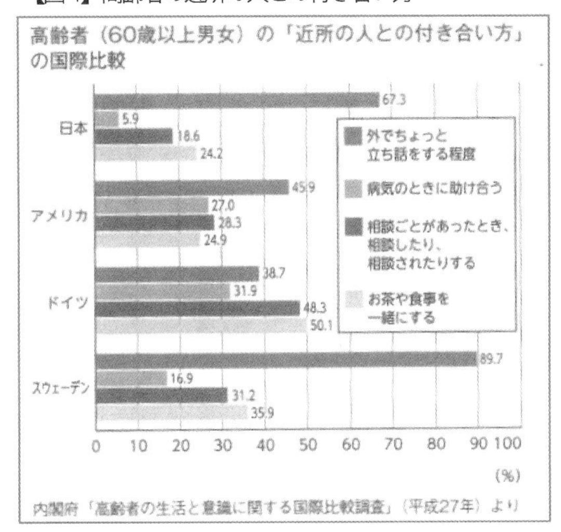

出典：藤田孝典『続・下流老人』朝日新聞出版社(42 頁)2016 年

4．今後の展望

（1）将来展望

核家族化の進行により、単身世帯の高齢者は今後も増え続けることが予想される。また、社会保障費抑制のために介護保険サービスの回数抑制や利用基準の引上げが今後行われ、デイサービス等の公的な高齢者の居場所は確実に縮小するであろう。そのため、このままでは近い将来「人間関係の貧富の差」が今以上に拡大することが懸念される。

現在も一人暮らしの高齢者は６００万人を超え、高齢者の孤立やつながりの欠如が課題として浮かび上がってきている。端的に言えば、貧困がゆえに地域交流する費用も捻出できず、孤立化を加速しているといっ

2　内閣府「平成27年度 第8回高齢者の生活と意識に関する国際比較調査結果」

ても過言ではない。お金がなければ人間関係を保つことが難しくなる、ということである。

この関係性の貧困については、政策課題として議論が不足している。まずは孤立対策をどうするべきなのか、議論と実践が必要だ。

英国では最近、国民の孤立解消を目指して担当大臣が任命されて話題となっている。他の先進諸国では孤立化による社会コストの増大や負の側面を改善しようと動きがみられていることに将来の展望や希望を感じずにはいられない。

（2）改善に向けた提言

だからこそ、今後の展望として、個人やプライベート・コミュニティの充実を若いうちから自主的に取り組み、地域社会や地域のNPO法人の活動に参加するということがまず個人として大切であろう。

コミュニティセンターなどに行くと、地域で開催されているサロン活動やダンスクラブや書道クラブ等様々な地域の集まりの情報を収集できる。そこで、関心ある活動にはぜひ積極的に参加していただきたい。またソーシャルセーフティネットになりえる人間関係の強化という面では、地域のNPO活動や市民活動への参加も効果的だ。参加することにより、その仲間や関係性の中で援助を受けることが可能になる。そうすれば、全く見ず知らずのNPO法人に生活相談をしなくてはならないというハードルも下がる。参加できるうちはボランティアとして活動し、難しくなったら助け合える関係をこれらの活動を通じて得られれば安心である。

社会として取り組むべきは、このような人々の受け皿を市民で作ること、そしてデイサービス等の公的な居場所の利用維持を訴えていくことである。社会福祉として高齢者の居場所を維持することは重要であるが、市民として子ども食堂やスポーツクラブ、地域のお祭りの実行委員会、手芸サークルや手話サークル等、楽しみながら地域と繋がれる「多様な選択肢」を用意することは、「公」よりも「地域」や「市民」の得意分野であろう。その長所を生かし、社会的孤立の抑制や解消、ひいては防貧的な役割を果たしていっていただきたい。

(参考文献)

・内閣府「平成27年度 第８回高齢者の生活と意識に関する国際比較調査結果」

・二宮利治「日本における認知症の高齢者人口の将来推計に関する研究」『厚生労働科学研究費補助金厚生労働科学特別研究事業　平成26年度　総括・分担研究報告書』2015年

・藤田孝典『続・下流老人』朝日新聞出版社(42頁)2016年

高齢者の社会的孤立をめぐって

関西学院大学 名誉教授、関東学院大学 客員教授
牧里毎治

高齢者がなぜ社会的に孤立するのか、その原因と様相について社会福祉学の視点から論及した。孤独死した高齢姉妹の事例から社会的孤立が限られた人に起こるのではなく、誰にでも遭遇しうる社会的ネットワークの欠如や緩みから発生するものという問題意識のもとで、その原因と社会的な取組を論じた。社会的孤立が、これまで学問としてはどのように論じられてきたか、著名な研究にしぼって社会的孤立の定義や性格、測定の仕方などを紹介し、社会的孤立は社会に参加できていない状態、社会的セーフティネットからこぼれ落ちる状況であると再確認をした。そのうえで、社会的孤立に立ち向かう手立てとして現在取り組まれている活動や事業に言及し、社会的孤立に陥らないようにするための地域での見守り活動の良し悪し、意義と限界などを述べた。さらにすでに社会的に孤立している高齢者を社会に繋ぎ直しているコミュニティ・ソーシャルワーカーについて紹介した。

【キーワード】●無縁社会　●社会的排除　●社会的ネットワーク　●社会関係資本　●CSW

1．女性高齢者姉妹の孤独死

高齢者の社会的孤立を考える切り口として一つの事案からなにが問題なのか探ってみたい。人口構造における高齢人口の急速な増加は、相対的にも絶対的にも高齢者の孤立や孤独の課題を増幅させるのみならず、家族構成や親族網の縮少と世帯の単身化、世帯員の縮減をともなって孤立・孤独を加速化させている。もはや高齢者の孤立や孤独は人ごとではなく、誰にでも起こりうる社会問題になっているといわなくてはならない。

事案は、大都市近郊の住宅都市の一隅で発生した。当時、63歳の姉と61歳の妹とみられる女性の遺体がマンションの一室で見つかった。警察の調べで姉は病死、妹は死因不明だが餓死とみられている。司法解剖したところ二人の胃袋にはなにも入っていなかったという。発見から約1カ月前に死亡したと判断されたが、所持金は90円しか残っていなかった。63歳と61歳の姉妹の餓死事件という、殺人事件でもなく心中でもなく、事件と表現するにはやや誇張しすぎかもしれないので、事案とした。

姉妹の住んでいたマンションは、地区社会福祉協議会の活動が活発なところで、早くから民家を借りてボランティアによるミニデイ活動や一人暮らし高齢者の見守りネットワーク活動、一人暮らし老人会活動の支援、会食サービス活動などを行ってきた有数の福祉活動先進地区である。そこで起きた孤立死・孤独死なので、地域福祉活動を行ってきた地域ボランティアのショックは大きかった。地域ボランティアが手を尽くしても、その善意や支援が届かない人たちが存在しているという事実である。

姉妹は、お嬢様育ちで裕福な暮らしだったらしい。銀行の重役だった父親は、土地や不動産など資産家だったという。父親と母親が相次いで亡くなり、逆にそれら資産が税金など負担となり、実家近くにマンションを建築したが、建設時の借金で困窮するようになった。思うように入居者が埋まらず、資金繰りに困った末に差し押さえられ、生活費収入にも事欠くようになる。挙句の果ては、水道料を滞納し、電気もガスも止められてしまう。国民健康保険料も滞納していたが、住民票に記載された住所には不在で、生活保護も介護

保険サービスも申請していなかったという。絵にかいたような生活の転落で、高齢者の下流化をみごとに表わしている。（朝日新聞記事より）

現代における高齢者の社会的孤立化の極めて典型的な事例なのだが、こうした都会のまんなかで人知れず死を迎える一人暮らし高齢者や高齢世帯が急速に増えはじめ、無縁社会の深刻な社会問題になってきている。かつては過疎地の高齢者の孤独死が新聞紙面を賑わせたことがあるが、いよいよ都会の住宅地にも孤立死・孤独死が襲いかかってきた。都市部の多くの人の眼に触れるはずの生活でも過疎地や山岳地帯の人里離れたところで起きる遭難や死亡事故を多発させているのである。入浴中に心臓発作を起こし、死亡するという溺死事故も家庭の中で起きている。携帯電話を持たされている高齢者でも、階段から落ちて助けを求めようとしても緊急連絡の仕方が分からないで、死後数日経って発見されるという事案もある。

話を戻そう。その姉妹は、地元では有名な家庭に育ち、裕福な家庭だったからいくら生活に困っても、生活保護を受けるなんて考えも及ばなかっただろうし、まずもって２人のプライドが許さなかっただろうことは想像がつく。悲劇は、この姉妹は高齢になっても地域とつながることがなく、地域住民も手を差し伸べる人たちとは認識していなかったことだ。残念なことだが、この姉妹は、地域ボランティアの眼にはまったく入っていなかったのだ。もちろん、この姉妹にとっては歌劇を見たり、文化サロンに通ったり、グルメに舌鼓をうったり、海外旅行など華やかな時代もあっただろうし、それがかえって、地域の催し物やイベントには興味もなければ関心すらも持たせなかったのかもしれない。

加齢というものは、長い人生のなかでみると、さまざまな物や事や役や立場を喪失していく過程ではないかと思えてくる。若いときから積み上げてきた富や地位や役割や人びととの関係を少しずつ譲り渡したり、自ら放棄放逐したり、身軽になっていくプロセスのようにもみえる。だけれど、時代や運命に翻弄されて、財産や家族や仲間や地位や役割を突然奪われることもある。年齢とともに体力や気力、健康なども喪失していくことが高齢化なのだと分かっていても、できれば穏やかに手放していきたいものだ。では、人間関係ではどうか？人間関係だけは十人十色。権力と権威の頂点に座したまま天国に召される人もいれば、反対に孤立・孤独のまま人知れずこの世を去るひともいる。その中間くらいに人生を普通に送りたいなと望むのが常人のささやかな願いなのだろう。やはり気の知れた仲間たちと最愛の家族といい按配に友だちつきあいできる地域のひとたちが身の回りにいればこれに越したことはない。

役所の世話になりたくない、人さまの世話になりたくないと思い込んでしまう根強い福祉への偏見は、社会保障や社会福祉サービスへつながる道を閉ざしてしまう。相変わらず国民の福祉サービスへの食わず嫌いが横行していて、食べてしまえば美味しい役に立つ福祉サービスが役割を果たせないでたじろいでいる。偏見や無知が困った状況であることや誰かに手を差し伸べてほしいという表明をためらわせてしまう。今日の自立を強要する競争社会にあっては、自分が困っていることを訴えたり、助けを求めることは依存を助長することだから好ましくないと考える人が多すぎるともいえる。確かに、困っていると行政に福祉サービスを申請することは、自分が競争に負けた能力の劣った人間であることを表明しているようで、支援や援助を求めるには勇気のいることである。「受援力」という、援助を受けることを良しとする勇気や元気が育ちにくい風土が今日の日本社会には厳然とある。生活困窮に陥った自分は、自立する能力がないからで、自分の責任であると自分を責め立てる。結果として他者に頼ろうとはせず、連帯しないで孤立してしまう。

孤立が困窮を招き寄せ、困窮が孤立や孤独をさらに促す。孤立と貧困が競うように螺旋状に高齢者を下流化させていく。社会という器からみると、個々に分断された諸個人が孤立して社会の網の目からこぼれ落ちていっているように映る。手のひらからこぼれ落ちる砂粒のように、掬ってもすくっても孤立した個人は落層していくのである。社会保障や社会福祉サービスが存在していても抜け落ちる人々が多く存在しているということである。高齢者の下流化とは、世界のなかでも豊かな国といわれている日本で顕在化している生活困窮化の問題なのである。

別の見方をすると、社会保障や社会福祉サービスが整えば整うほど生活困窮者を社会制度が排除してしまう結果をもたらすことはないのだろうかという疑問も湧いてくる。申請主義や判定主義という庶民には高くみえる制度の壁が支援やサービスにつながることを忌避させることはないのだろうか。制度を利用することで発生する恥辱感やスティグマと呼ばれる烙印、落ちこぼれ、厄介者と後ろ指を指されるラベリング（偏見・差別感の印象づけ）を恐れて、申請を拒否したり、サービス受給者になることを避けようとすることはないのだろうか？認知症と認定されれば、精神障害があると判定されれば、障害者手帳や療育手帳を給付されれば、もっと保健福祉サービスに接近できるのに、相談に出向くことさえ拒むことはないのだろうか。社会制度のハードルがもっと低ければ、救えた命や生活困窮者支援につながることができたかもしれない。

命と暮らしを守るセーフティネットは増えてきたのだけれど、社会保障や社会福祉サービスの利用という発想、その意識や意向が欠如していることもある。無知や無関心は古典的貧困問題が論議された時代でさえ、貧困と背中合わせに存在しており、いまさらながらという観もしないではないが、これだけ情報テクノロジーが発達しているとしても、相変わらず無知と無関心が横行している。むしろ情報過多で、なにを情報選択していいのか困惑している人も多いかもしれない。あふれんばかりの多様な大量情報提供は、必要な情報選択と情報獲得をかえって困難にしているかもしれない。情報取得と情報利用も自己責任の時代なのである。

無縁社会とはよくいったもので、人々のつながりが職場でも地域でも、家庭でさえも希薄になり、絆をことごとく喪失する時代になっているのではないか？社会的孤立の裏側にあるものは無縁社会とよばれる、帰属意識も連帯意識も弱くなった歪んだ個人主義なのではないか。自己中心的な、他者理解のできない現代人を大量生産した結果が社会的孤立と社会的孤独を横行させているのではないかと思えてくる。

２．社会的孤立とは何か

社会的孤立は、高齢者に特有の社会問題ではない。無縁社会は誰でも社会的に孤立させ孤独に陥らせる。ただし、一般的傾向として障害者や外国人、女性や高齢者は社会的に孤立させられやすい。社会的に脆弱な立場に置かれやすい人々は、社会的に孤立させられやすい傾向がある。自己主張しにくい性質があるとか、権利主張できる力、たとえばコミュニケーション能力とか意思伝達の手段や所属組織をもっていないなど、パワーレスな状態に置き去りにされやすい。つまり、マイノリティというレッテルを張られやすい属性の集団は、とかく社会的に孤立させられるか、社会的排除のターゲットにされやすいのである。

やや誇張していえば、社会的孤立とは静かなおとなしい社会的排除なのではないか。民族的な排除や隔離という強硬的な社会的排除ではないにしても、密かに無意識に市民社会から排除してしまう現象が社会的孤立なのではないだろうか。地域社会から排除するとか国外退去させるとか物理的に市民社会から追い出すという形ではなく、市民社会に人知れず埋没させ，引きこもらせること、しかも自らの自己責任で市民社会につながることを諦めさせ、地域社会には見えない存在として沈殿させる。社会的排除を巧妙に仕組んだ社会的差別なのではないかと思えるのである。

さて、学問的には社会的孤立をどのように定義づけてきたのだろうか。孤独と社会的孤立を区別して実態調査をしたのは、ピーター・タウンゼント(Peter Townsend)といわれている。タウンゼントは、孤独(loneliness)と社会的孤立(social isolation)を区別して用いた最初の学者といわれており、社会的孤立を孤独の下位概念と性格づけて、社会的孤立は客観的状態を示すもので、孤独は習慣的な心理状態としている。また、経済的に貧困な人々は、社会的孤立をもたらすということも指摘している。社会的孤立を把握する方法として、社会的接触(social contacts)の頻度を考え出したことでも有名である。たとえば、クラブや教会にどのくらいの頻度で通っているとか、クリスマスなど親族と過ごす回数とか、客観的に把握できるよう指標化した。今日的に日本流にいえば、日常的な買い物にどれくらい通っているか、訪ねてくる人や、電話で会話する人は何人くらい、何回あるかなど具体的な行為をあげて把握するという方法になる。どこまで以下を社会的孤立とみなすかは相対的な判断にはなるが、通常の平均値から著しく乖離している場合を社会的に孤立していると便宜的に判定することになる。阪神大震災以後、一人暮らし高齢者のなかには、半年以上も誰とも会話したことがないという驚くべき社会的孤立状態も報告されており、深刻な社会問題にもなっている。

その後、高齢者の孤独を研究したジェレミー・タンストール(Jeremy Tunstall)は、孤独(alone)を次の４つに分類して、社会的孤立を一つのカテゴリーとして提示した。すなわち、独居(living alone)、社会的孤立(social isolation)、孤独不安(loneliness)、アノミー(anomie)である。アノミーという用語は分かりにくいが、社会学用語では無秩序状態を意味し、規範や合理的判断ができなくなる混乱状態を意味している。孤独に並ぶ心の葛藤や価値判断のできない心理状態を指している。タンストールも社会的孤立は孤独に包含されるという考え方であるが、一人暮らしが社会的孤立に陥りやすいこと、社会的孤立が不安な精神状態や冷静な判断を麻痺させるアノミーをもたらしやすいことを説明している。

海外の研究を踏まえて、日本の学者では河合克義が『大都市のひとり暮らし高齢者と社会的孤立』という実態調査にもとづく丹念な実証研究をしており、貧困・低所得と社会的孤立および孤独が強く結びついていることを提起している。日本における研究においても社会的孤立は、家族・親族からの孤立、職域からの孤立、近隣・地域社会からの孤立として概ね捉えられている。雑駁ないい方になるが、社会関係からの孤立、つまり社会参加できていない状態を指しているといってもいいだろう。

政策レベルでは、2000 年に旧厚生省が「社会的な援護を要する人々に対する社会福祉のありかたに関する検討会」報告書を発表しているが、このなかで、図に示されるように「社会的排除」と「社会的孤立」が現代社会の社会福祉問題として存在していること、社会福祉の政策課題は、貧困問題だけでなく「心身の障害・不安」と強く結びついて存在していることを提起した。ホームレス問題は社会的排除の典型だが、他方、虐待や家庭内暴力、孤独死・自殺などは社会的孤立から生ずるものとして認識され、貧困と直接的に結びついてはいないけれども、これらの諸課題は複合的に結びついており、今日的な政策課題として提起したことは画期的である。冒頭にも言及したように社会的孤立にしろ社会的排除にしろ高齢者特有の社会問題ではないが、社会参加できていない状態であることに変わりはない。

高齢者にとっては、定年退職後の不安定な経済困窮や、リタイア後の生きがい喪失、役割喪失、また不十分な年金生活にもかかわらずそれを補てんする就労機会もないことなどが引き金となって、貧困化したり、生活困窮化する。職場の喪失、地域での居場所の喪失、家庭での役割喪失など、取り分け男性高齢者に自信の喪失や引き籠りが起きやすい。上野千鶴子の『男おひとりさま道』が爆発的に人気をさらったのも男性高齢者が家庭内に取り残され、地域デビューもできない現象を多くの男性高齢者が不安に感じたからだろう。

社会的孤立は、社会参加の喪失、社会制度とのつながり喪失と認識すれば、これはまさしく社会福祉の政策課題でもあり実践課題でもある。社会福祉研究の第一人者、岡村重夫は『社会福祉学総論』においてソーシャルワーク（社会福祉学的視点）の固有性は、生活者である個人が社会制度と取り結ぶ「社会関係」の欠如や不調和が複合的に発生することを解決する学問で

【図１】現代社会の社会福祉の諸問題

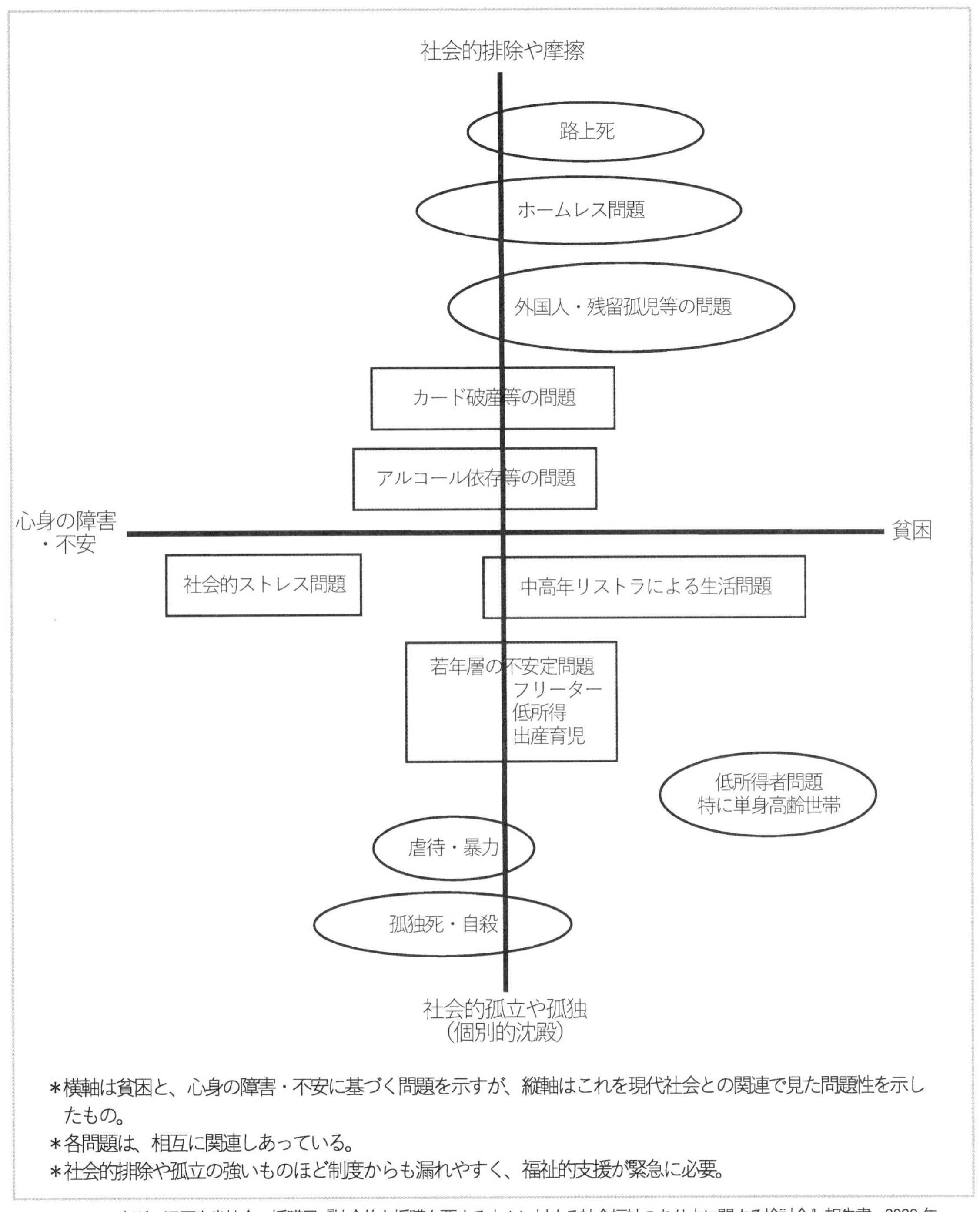

＊横軸は貧困と、心身の障害・不安に基づく問題を示すが、縦軸はこれを現代社会との関連で見た問題性を示したもの。
＊各問題は、相互に関連しあっている。
＊社会的排除や孤立の強いものほど制度からも漏れやすく、福祉的支援が緊急に必要。

出所：旧厚生省社会・援護局『社会的な援護を要する人々に対する社会福祉のあり方に関する検討会』報告書、2000年

あると規定したが、社会的孤立を社会制度との結びつきの欠損と考えれば、ソーシャルワークの固有の対象問題というべきだろう。社会保障制度に結び付かない無年金や医療サービスにつながらない、あるいは就労の機会もない、生きがいや学習する機会も剥奪されている、このような複合的に絡み合った生活諸問題を高齢者本人に寄り添いながら支援することが社会福祉の基本的役割である。

このような社会参加が阻害されている実態を社会構造の視座からみると、多くの人々を社会的孤立に追いやる無縁社会は、命と暮らしを守るセーフティネットが壊れた社会ということになるが、信頼や規範、助け合いの社会的ネットワークである社会関係資本(social capital)が欠如した社会でもある。ロバート・パットナム(Robert D. Putnam)のいうソーシャル・キャピタルの欠如した社会こそ個人の社会的孤立を大量生産する歪んだ社会だともいえる。パットナムは著書『孤独なボウリング－米国コミュニティの崩壊と再生』のなかでソーシャル・キャピタルの重要性を説いたわけだが、社会的ネットワークに搭載される規範や信頼，互酬性の欠如が孤立や孤独を生み出すことに警鐘を鳴らしたのである。

社会的ネットワークとソーシャル・キャピタルは、同義語のように用いられているけれども、静態的な状況を意味する社会的ネットワークを動態的に社会関係資本として助け合いや社会連帯、社会的結合の必要性を説いたのではないかと考える。経済資本や物的資本（土地や建物)、人間資本（人材）などに並んで、人間が創り出す社会関係を資本と見立てて、つまり社会的ネットワークに信頼や規範、互酬性などを投資することによって、新たな社会的ネットワークを増殖させることを想定したのではないのだろうか。パットナムによればソーシャル・キャピタルの形成は、「橋渡し型」（包含型）と「結束型」（排他型）が存在すると述べているが、いずれにせよ社会的ネットワークが社会的効果を生み出すという仮説に立っている。社会的孤立を防ぐのも社会的排除の反対側に存在する「社会的包摂(social inclusion)」をどのように創出するかにかかっている。

３．社会的孤立の背景にあるもの

無縁社会が社会的孤立を生み出している。同じ現象の裏表をいっているようだけれど、社会構造が個人の孤立化・無縁化を押し進めている。縁という人のつながりや絆にも格差があって、経済的に安定していたり、家庭が落ち着いている階層の人と、経済的に余裕もなく仕事も無い、一人暮らしの階層の人では人間関係にも格差が生じる。生活困窮している人ほど人とのつながりや絆が薄く、ますます生活困窮化する傾向がある。社会の中で誰が社会的孤立の犠牲になるかは、コミュニケーション力が弱かったり、自らを守り抜く生活能力が弱かったりする人がターゲットにされる。排除されたり、孤立化させられた人はさらに孤立化するように追いやられていく。日本社会は、いつの間にこのような底の抜けた無縁社会になってしまったのだろう。その社会的要因は次のように説明できるだろう。

その第一は、日本社会に個人と社会をつなぐ中間集団がなくなったか、個人と社会を媒介する機能が弱体化してしまったのではないかと考えられる。職場における仕事仲間であったり、家族を包み込む親族集団であったり、自治会・町内会などの地縁組織の消滅とか形骸化が諸個人をむき出しの競争社会に放り出してしまった。個人の能力や経験がそのまま試される過剰な個人主義化社会に変貌してしまった。自己責任至上主義の時代になっているのである。

かつては会社に勤めれば、企業コミュニティに守られて、先輩から後輩に仕事や職業生活のイロハを教えてもらい、家族も含めて会社の福利厚生事業は至れり尽くせり、労働組合もいざというときに守ってくれて、退職後も企業年金の上乗せ支給、葬儀は会社の後輩が総出で支援してくれた。零細企業、自営業であっても事業者組合や商店街組合が見守ってくれた。零細町工場、小売商店の人たちは自治会・町内活動に熱心で、地域社会に守られていたといえる。おしなべて個人で行動すること行動できることがふえて、集団で行動する、団体で行動することがすっかり減少してしまった。集団生活を忌避し、個人嗜好や他者への無関心、さらには匿名性を求める行為が増えてきた。あわせて個人プライバシーを重んじる風潮も強くなり、結果として、無縁社会を生み出してきたのではないだろうか。

情報テクノロジーの発展も個人主義的な行動を促進し、情報格差も広がった。情報リテラシーの高い階層は、情報コミュニケーション技術を用いて、必要な情報に容易にアクセスできるが、情報処理スキルの高くない階層は取り残されるという情報格差も生み出している。ソーシャル・ネットワーク・サービスを駆使して人間関係を広げることができる若者階層と、どちらかというと情報コミュニケーション技術の苦手な高齢者は人間関係づくりにも取り残されるという年齢格差も生まれてきている。情報リテラシーが高ければ、個人で情報入手したり行動できる範囲は広大に広げられるが、そうでなければ取り残されるという孤立化が進む。中間集団を媒介しての情報交換や情報収集することがなくなってきたことがますます人と人とのつながりを少なくしていったように思えるのである。

第二に指摘したいのは、家族形態の変容である。家族が小規模化した、あるいは単身世帯がふえたなど、かつての大家族や三世代家族はかくだんに減少し、夫婦と子からなる核家族からさらに単身家族という個人化する家族がふえてきた。農業・漁業・林業の衰退とともに家族形態も大家族を必要としなくなり、産業構造の急激な変化とともに核家族化や単身化を加速させた。家族の小規模化とともに進行したのが家族機能の外部化である。家事・育児・介護の社会化が進んだということである。安価な労働力として女性の社会進出が期待され、女性の役割とされていた家事・育児・介護の機能が商品化され、家庭外サービスとして市場に登場した。男女の性役割が見直され、女性も平等に社会参加する機会を得たが、結果として家族機能が弱まってしまった。

一人家族やホテル家族など家族の様態も大きく様変わりし、非婚・晩婚も増え、子どものいない夫婦など少子化に拍車をかけることになる。消費生活もスーパーマーケット、ファミリーレストラン、コンビニエンスストアなど家庭外サービスに依存した生活に変貌していく。中食など調理された食品の購入や家庭内での個食が普通になってきている。家族の変容とともに家庭機能も大きく変化してきているといえる。その結果、家庭が密室化し孤立化を深め、引き籠りや虐待、家庭内暴力を生じさせやすくさせている。高齢者の孤独死は、高齢者のシングル化がもたらしているともいえるが、三世代家族が減少したなど家庭機能の変化もその原因となっている。

本来、家庭は家族の幸福な親密空間であるはずだが、家族自体が孤立化し閉鎖的になれば、虐待や家庭内暴力の温床となり地獄化する。家族や家庭は、職場や地域から守られ、支えられてきたはずなのだが、外皮である職場や地域から剥ぎ取られ、もしくは埋め込まれて見えない存在にされている。外部に開かれた家庭であるかどうかも個々の家族責任とされ、結果として社会的孤立を生み出している。職域社会のネットワークの崩壊と地域社会のネットワークの解体がほぼ同時進行で進み、あわせて家族・家庭機能の劣化が進んできている結果として社会的孤立が現象化していることが問題なのである。

第三に、価値観の多様化、生きがい感の漂流化を指摘しておきたい。長寿化など人生が長くなっただけ、これまでの生き方とは異なった価値観、人生観が求められてきているのだけれども、人生のコースが読み取れない不安定な時代になってきている。

人生観の漂流、生きがい感の液状化とも表現できるが、人生 90 年・100 年の生き方ができる時代にはかつての規範や価値観が通用しなくなってきている面もある。生活の仕方や生き方を変える生活構造が、産業構造や消費行動の変化とともに大きく変わってきたことが価値観を変容させる大きな原因になっている。

たとえば、非正規雇用は、若者と女性を大きな塊として増大させているが、生活を不安定化させ、人生設計を流動化させる最たるものといえる。低賃金と不安定就労は、非婚化や晩婚化を招き、少子化を促すといわれている。結婚できない収入、見込みが読めない人生は、人々に他者とつながる連帯を生み出しにくい。終身雇用と年功序列型賃金体系というかつての高度経済成長を支えた日本型産業モデルは崩壊してしまい、資格とキャリアによる能力至上主義の労働市場モデルでは、働く者の連帯とつながりは生まれにくい。

資本も情報もグローバル化し、世界を駆け巡るが、働く者を守るとは限らない。収益率の高い国へ資本と情報は動くし、地域間格差を伴いながら富める者と貧しき者の所得の格差はますますはっきりしてくる。福祉国家の揺らぎも、完全雇用の放棄と民族主義的国家からの離脱に由来している。納税したり保険料を納めることのできる正規雇用労働者を減らせば、社会保障や社会福祉サービスの運営が立ちゆかなくなることは誰にでもわかる。資本は、高い収益を求めて安価な労働力を供給してくれる外国に流れていくし、容易に国民を棄民する。非正規雇用を止めなければ、社会的孤立を生み出す温床はなくならない。

４．高齢者の社会的孤立をなくす手立て

高齢者の社会的孤立を防止するには一人暮らし高齢者や虚弱な高齢者夫婦を見つけ出して見守り活動をするしかない。一人暮らし高齢者や虚弱高齢者夫婦を定期的に直接訪問して安否確認をする、あるいは電話による友愛コールをする、夕食や昼食など配食サービスやヤクルトなど乳酸菌飲料を定期的に配達することを兼ねて安否確認をするという見守りサービスもある。しかし，いずれにせよ、高齢者本人もしくは家族や親族がこの種のサービスを申し込まなければ支援の対象にはならないのが通例である。サービスを知らない、サービスを拒否するという場合にはこれらの安否確認サービスがなんの効力も発揮しないのである。もちろん、行政の協力を得て、あるいは行政が社会福祉協議会や民生委員協議会などへ協力を依頼し、行政から一人暮らし高齢者や高齢者夫婦世帯の名簿を提供して個別訪問で安否確認や見守り支援を受けることの同意を取らなければ、サービス活動を開始できない。しかし。個人情報の保護という観点から、個人名簿さえ提供しない自治体もある。後は一軒一軒個別訪問して同意を得るしかないが、得体の知れない団体だと思われると相手にもされないし、支援サービスの開始にさえ至らない。

社会福祉協議会（社協）など一人暮らしの高齢者にいざという時の緊急通報サービスや救急車で搬送されるような事態に備えて、血圧や健康状態など個人情報を記載した円筒形の「安心キット」（自治体によって名称は異なる）を無料もしくは有料で配布するなどの取り組みがなされている自治体もある。自治体によっては認知症高齢者の行方不明を無くすために地域住民や商店街の皆さんに協力してもらって、高齢者が徘徊しているのではと疑われる場合にケータイ電話やケータイ・メールで知らせる「徘徊SOSメール」サービスなどを実施しているところもある。

見守り支援サービスを知らない場合には，詳しく情報提供すればことはすむが、問題は「他人に迷惑をかけたくない、ほっといてくれ」と支援を拒否する高齢者たちである。「自分たちはちゃんと生活できている、他人の世話にはなりたくない」と思う気持ちもわからないではない。確かに誰かに支援されるということは、自分一人で自立した行動ができなくなったことを認めるということであり、なかなか認めがたいことではある。一人で暮らすに至った背景には人にいえない家庭事情もあるだろうし、ましてや誰かの援助を受け入れることは困っていることを世間にさらさなければならない。これは辛いことだ。

社会的孤立がさらに進むと、確実に社会的孤独に陥る。地域住民の支援のみならず社協や行政の専門的支援も断るという、セルフネグレクトという自己放棄とでもいえそうな事態に至ることもある。いわゆるゴミ屋敷状態や極度の引き籠もりなどは、当事者である高齢者が身の回りの冷静な判断ができなくなった社会的孤立の典型ともいえる。多くの場合、経済的困窮や精

神的に不安定な状態にあり、放置できない状況ではある。経済的困窮よりも深い傷である社会的孤立や人間不信に陥っていて、絶望と諦めの底辺にいることが多い。他人を信頼することができなくなる「心の貧困」、希望と意欲がもてなくなる「願いの貧困」は深刻である。騙されたり、疑われたり苦い経験を積み重ねてきた人生を振り返ると、いまさら他人を信頼せよ、心を開いて他人の支援や厚情を受け入れたらと勧められても、その誘い自体が信用できないところまで追い詰められているともいえる。

考えてみると、孤立しがちな高齢者に善意で愛情を捧げて、地域住民や行政職員、福祉専門職が見守りをするといっても、それは当事者の立場に立てば、監視されたり、見張られたりしている事態でもある。同じ行為なのに立場が変わればまったく異なる意味をなす。

見回ったり、見張ったりする監視は、ある意味その対象となる人が危険人物であったり、面倒なトラブルメーカーであるとみなすから生まれる行為なので、見守られたくないという心境は十分すぎるほど理解できる。虚弱高齢者に虐待がないか、悪徳商法を行っている不正な業者はいないか見張り、見回ることは、必要なことなのではあるが、問題を見つけて、しかるべき公的機関に通報することなので、見張りと見守りは密接に結びついている。

見守りが本当の意味で生きてくるのは、地域の仲間として地域社会のかけがえのない住民として受け入れられている実感が醸し出される時だろう。地域にいてほしくない人物として見張るという無意識の態度が感じられた時、誰もが見守りを拒むだろう。誰も、見守られることで招かざる客のラベル付けをされたくはないからである。鶏が先か卵が先か堂々巡りになるが、社会的孤立のリスクがある人を偏見なく受け入れる地域の土壌づくりが先か、ひとまず社会的に孤立しやすい高齢者を個別訪問したり、緊急通報サービスの利用者登録をしてもらいながら、地域住民の理解を広めるか、実際は決め手を欠いている。

社会的孤立を防ぐ方法のもう一つは、実際に孤立している高齢者や引き籠っている高齢者を見つけ出して、寄り添い型支援をしながら社会福祉サービスや就労支援、生涯学習支援などに結び付けることが有力である。青年者なら生活困窮者自立支援事業がこれにあたるが、孤立した高齢者の場合でも手法は同じである。事案を見つけて、繰り返しアウトリーチ（出前）訪問を繰り返す。単純な方法だが、実はこのアウトリーチ訪問が行われていないことが、社会的孤立をふやしている。縦割り行政、タコ壺化した専門職サービスの弊害が社会的孤立を深めていることさえある。

コミュニティ・ソーシャルワーカー（CSW）という職種をご存じだろうか。制度の網の目からこぼれ落ちて生活困窮化した人たちに手を差し伸べて地域生活につなぎ戻す仕事師のことだ。聞き慣れない職種かもしれないが、2004 年に大阪府単独事業で始まったユニークな取り組みで、現在では大阪府内のいくつかの市町村や、東京都内の自治体や兵庫県下の自治体にも広がりつつある。2009 年には国も地域福祉コーディネーター配置事業として補助制度を始め、全国的に関心を集めるようになってきている。

深田恭子が主演した 2014 年放送の NHK ドラマ「サイレント・プア」を視聴された方もおられるかもしれないが、コミュニティ・ソーシャルワーカーの活動を素材にドラマ化された。東京下町を舞台にゴミ屋敷の高齢者やひきこもりの青年たちの支援を社会福祉協議会（社協）に勤務する CSW の里見涼が市役所の地域福祉課職員や民生委員、近隣住民たちと協力し合って支援するストーリーである。さりげなく地域福祉や社協の看板が映像の背景に登場し、社協や CSW の言葉が台詞に出てくるので、はじめて地域福祉に関する言葉を耳にした視聴者も多いのではないかと思う。

ご覧になった方の反応がどのようなものなのか見当がつかないが、制度の谷間に落ちこぼれて、福祉関係者や行政職員の訪問を拒んだり、近隣住民とトラブルを起こしてしたり、あるいはセルフ・ネグレクト（自己放棄）によるひきこもりのため存在すら無視されているなど接近困難なケースにソーシャルワーカーがどう向き合うかは現代的課題である。

やや誇張されて脚色された筋書だという面もないではないが、現実におきている生活困難解決への取組であり、物言わない住民が想像以上に現代社会に存在していることの警鐘にはなっている。ゴミ屋敷化する高齢者や消費者被害に合ってしまう高齢者の事件や事案の背景には社会につながっていないために被害が大きくなってしまう無縁社会の現実がある。このCSWが活躍するシナリオの素材は、実際に関西で取り組まれている実話である。

貧困の諸相には経済的貧困だけでなく、健康問題や文化的貧困など複合的に課題を合わせ持つことが古くから指摘されてきたが、今日的な様相としては、社会保障制度や社会福祉制度が生活困窮者を結果として排除してしまうという矛盾がある。理解しがたいことかもしれないが、社会保障や社会福祉の制度が整備され精緻になっていけばいくほど、利用手続きや制度情報が複雑になり、行政サービス支援が必要なのだけれど、かえって庶民には制度が遠い存在になってしまうことがある。障害者手帳を取得したり、介護認定を受けたりすることができれば、福祉・介護サービスを受けやすくなるが、サービスにつながる入口で躓いてしまうと、結果として利用から遠ざかることになるのだ。貧困は伝統的には個人の責任とされ、そのイデオロギーとの闘いの繰り返しの結果、社会保障や社会福祉が制度化され、福祉国家の基礎として確立されたにもかかわらず、生活技術の未熟さや意思疎通の困難さ、人間関係のつまずきなど個人的属性をきっかけに無縁社会の谷底に社会的に脆弱な人びとを引き込んでしまうのが現代的貧困であるといえる。サイレント・プアとは、そのネーミングはともかく、まさに市民社会の基盤である社会関係の崩壊や弛緩が、ある特定の階層を静かに何事もなかったかのように貧困と絶望の淵に陥れてしまう怖さを表している。

ソーシャルワーカーが生活困窮者をもういちど市民社会に生還させる職業だとするならば、差別と格差のまん延する現代社会に戻すだけで自立といえるのだろうかという根本的な問いかけをこのドラマは物語っている。ソーシャルキャピタル（社会関係資本）とよばれる社会の絆、信頼、連帯、協働するネットワークが劣化し崩落しつつある現代社会そのものを再生させることも同時に取り組まなければ、個別的対人的援助に限界や陰りがみえてきているのである。社会保障や社会福祉の制度が自立する個人を前提として、手続き申請したり、契約することを基本にしたものになっていることを考えるならば、制度の網の目にかからない人びとはこぼれ落ちてゆく。コミュニティ・ソーシャルワーカーはまさに専門職や行政職と住民である生活者を繋ぐ間に介在する職種で、公的なサービスとインフォーマルな住民のサポートを結びつける人たちである。社会福祉制度を造り変え、新しいサービス開発を進めること、住民による支え合う仲間づくりや、社会的排除や社会の無関心を許さない地域文化を創出することも重要だと思うのである。

いずれにせよ、従来の地域社会の再生、コミュニティの復権だけでは社会を包摂する社会デザインは描けない。地域社会の裏側に張り付いている職域社会の再構築が同時並行的になされなければ、包摂型の社会デザインは描けないのではないか。その意味では、地域貢献型のコミュニティ・ビジネスや地場産業の復活、企業の社会貢献（CSR）などを含みこんだマルチステークホルダー（複合的で多様な利害関係者）による職域社会の再構築が求められている。その取組の中には、社会的に孤立しやすい社会的弱者も地域貢献できる就労や社会参加の機会が準備されている必要がある。地縁・血縁というネットワークだけでなく知縁・職縁というネットワークも重ね合わせながら再構築するしか方法はないのではないだろうか。ここにいう知縁とは、知り会ったことをきっかけに支え合ったり、認め合ったりするアソシエーション的なつながりを意味し、職縁とは職業を媒介にして、つまり仕事を通じて繋がり合う、助け合う関係を意味している。

（参考文献）

・藤本健太郎『ソーシャルデザインで社会的孤立を防ぐ』ミネルヴァ書房、2014年
・藤本健太郎『孤立社会からつながる社会へ』ミネルヴァ書房、2012年
・藤田孝典『下流老人』朝日新聞出版、2015年
・藤田孝典『続・下流老人』朝日新聞出版、2016年
・河合克義『大都市のひとり暮らし高齢者と社会的孤立』法律文化社、2009年
・旧厚生省社会・援護局『社会的な援護を要する人々に対する社会福祉のありかたに関する検討会』報告書、2000年
・ジェレミー・タンストール、光信隆夫訳『老いと孤独－老年者の社会学的研究』垣内出版、1978年
・ロバート・D.パットナム、柴内康文訳『孤独なボウリング－米国コミュニティの崩壊と再生』柏書房、2006年

【解題】
高齢者をめぐる孤立

ボランタリズム研究所 運営委員
牧口明

高齢者の孤立が社会的な問題となり始めたのは 2000 年代に入ってからのことであると思われる。その嚆矢（こうし）は、2001 年に千葉県松戸市のＵＲ常盤平団地で、死後３年が経過した白骨遺体が発見されたことである。同団地ではその後も同様の出来事があり、01 年７月に、自治会の主催により「第１回孤独死を考えるシンポジウム」が開催されたことを皮切りに、「孤独死ゼロ作戦」の取り組みが始められた（この取り組みは現在もおこなわれている）。

その後、2010 年１月に、ＮＨＫテレビで「無縁社会～“無縁死”３万２千人の衝撃」という特集番組が放送され、「高齢者の孤立」の問題は一躍、大きな社会問題として多くの人びとに意識されるようになった。

この高齢者の孤立の問題に「貧困化」の視点を持ち込んだのが、今回ゲストにお招きした藤田孝典さんだった。氏が 2015 年に刊行された『下流老人』は、そのサブタイトル（一億総老後崩壊の衝撃）に謳われているように、「老後の貧困」の問題が一部の人びとだけの問題でなく、「誰にでも起こりうる」社会的な問題であり、その貧困の問題には、経済的な貧困だけでなく、「人間関係の貧困（孤立）」の問題が含まれることを明らかにした。

氏が上げられる下流老人の特徴は、「収入が少ない」「十分な貯蓄がない」「頼れる人がいない」という「３つのない」状態にあることだが、その原因は、「病気や事故による思わぬ医療費負担」であったり、「子どものパラサイト化による共倒れ」「認知症による防衛力の低下」など、誰にでも起こりうるものである。

もう１人のゲストの牧里毎治先生は、専門の地域福祉論の立場から、無縁社会の背景として「集団生活をいやがる」「家族が個人化している」「人生が漂流化してきた」といった要因を上げ、地元豊中市での、コミュニティ・ソーシャルワーカーを核としたさまざまな実践を基に、「今後は、地域社会と職域社会の再構築を図っていくために、地縁・血縁だけでなく『知縁』『職縁』を大切にしていく必要がある」と提言されている。

２人のゲストの問題提起と参加者との質疑応答でのキーワードと思えるのは、「高齢者の孤立化は誰にでも起こりうる」「経済的な貧困のみでなく関係性の貧困にも目を向けることが必要」「生活保護の権利性についての教育の必要性」「縦割り行政システムを横につなぐ働きの重要性」といった視点だ。

筆者は、これらの問題に関して、①高齢者の孤立に限らず、今日起こっているさまざまな「社会的孤立」の背景には、1960～80 年代の高度経済成長の下で起こった古いムラ型共同体（閉じられた共同体）の崩壊があるが、②それは一面で、その閉鎖性から解放されて、市民的連帯意識に支えられた「開かれた共同体」（新しい共同体）をつくり出すチャンスでもあった、③しかし私たちは、高度成長期を通じてそのような新しい共同体の創出に失敗し、バブル崩壊後露呈してきたのが「古い共同体」も「新しい共同体」も持たない「裸の」孤立した個人集団だったのではないかとの認識を持っている。仮にそのような見方が間違っていないとすれば、今後私たちがめざすべきは、高度成長期に失敗した「新しい共同体の創出」という課題の達成ということではないだろうか。

IV

第4章

LGBTをめぐる孤立

LGBT をめぐる孤立～実践者～

特定非営利活動法人 Queer＆Women's Resource Center
共同代表・理事　近藤由香（コジ）

【キーワード】●LGBT　●レズビアン　●自助　●精神疾患

１．はじめに

LGBT など多様な性を生きる人々をめぐる孤立について実践者の立場から語りたい。

多くの LGBT が一生のどこかで孤立したり、孤独感を感じるように思う。

私も孤立した 10 代、20 代を送ってきた。

私の経験を通して、LGBT がどんな場面で孤独感を感じ、そして孤立していくのか、またそれはどのように解消されるのかを語ろうと思う。

まずは、私が属している特定非営利活動法人 Queer &Women's Resource Center（クイアアンドウーメンズリソースセンター、通称 QWRC、くおーく）について説明したいと思う。

２．ＱＷＲＣ（くおーく）とは

QWRC は 2003 年 4 月に大阪市北区の中崎町のマンションの一室にオープンした。中崎町は梅田のほど近くにあり、長屋など古い建物の残る地域で、のんびりとした雰囲気がある。LGBT に関わる様々な分野で活動してきたメンバーが、事務所が欲しい、しっかりした拠点から発信したいという思いで開設した QWRC の理念は LGBT などの多様な性を生きる人やその周辺にいる人と、女性のためのリソースセンターであること。フェミニズムの視点を重視しながら、多様な性のあり方が当たり前に尊重される社会の実現を目指して活動することである。

開設当初から QWRC デー（毎月第 3 土曜日の 14 時半から 17 時半に開催）、QWRC ナイト（毎月第 1 木曜日の 19 時から 22 時に開催）という LGBT に理解のある人なら誰でも来れるお茶会や QWEEN（現在は休止中）という性別表現に縛られずに英語で話すお茶会など交流の場を提供してきた。また、2005 年 9 月からは電話相談ができるようになった。これは毎月第1月曜日の 19 時半から 22 時半に 06-6585-0751 で匿名で相談でき、LGBT の当事者やその家族・友人・同僚など周囲に居る人からの相談を受けている。性の悩みや労働相談など、様々な相談に対応している。2006 年 4 月には緊急時の連絡先を意思表示する「緊急連絡先カード」の配布を開始した。大阪府議会での緊急時の連絡先として同性パートナーも認められるという答弁を受けてのものである。2009 年 1 月には医療・福祉従事者に LGBT のことを知ってもらうために冊子を作成し、2011 年 1 月には当事者向けの「LGBT 便利帳」を作成した。医療・福祉従事者向けの冊子は 2015 年に改訂版を発行し、1 万人の医療福祉従事者に届けたいという目標のもとクラウドファンディングを利用し印刷費と送料を集め、その結果当初の目標の倍、2 万人の手元に届けることができた。

2013 年 10 月には事務所を現在の老松町に移転した。中崎町の事務所では手狭になったことや、住居用マンションでは活動しづらくなったためである。余談だが管理会社からおずおずと「レインボーな事をなさっているのでしょうか？」という質問をされたのは笑い話である。2014 年 7 月には任意団体から NPO 法人になった。

さて、私はというと設立の 1 年後 2005 年頃から QWRC のスタッフになり、2006 年 4 月にはカラフルという概ね 23 歳以下の LGBT やそうかもと思う人向けのプログラムを担当した。これは偶数月の第二土曜日 14 時から 16 時に今でも開催している。何故年齢制限があるかというと、カラフルを始めるきっかけとなったワークショップにある。そのワークショップはQWRC祭りという普段より多く人が来るイベントの際に行った、学校に行っていた時を思い出してみるというもので、参加者のほとんどが学生時代を終えた人達だった。そこで明らかになったのは、学生時代にセクシュアリティのことを勉強できる時間があればもう少し悩まずに済んだのではないかということと、多くの人は学生時代の苦労を忘れてしまっているということである。忘れた理由で多かったのは、悲しく衝撃的だが、過酷すぎて思い出しにくくなっているということだった。そこから、学校に行っている人や学校を離れて間もない人だけで集まってセクシュアリティのことを勉強したり、悩みを分かち合う機会があれば何かの助けになるのではないかということに思い至り年齢制限を設けたのである。

では何故そのワークショップをすることになったのか。ここから私の話をしたいと思う。

3．私が抱えた孤独

（1）幼少期～阪神・淡路大震災での経験

私は 1982 年に引っ越しが趣味の両親が当時住んでいた大阪に生まれた。その後まもなく阪神間を転々とし、幼稚園、保育所、小学校は3校通った。転校生の旬は3日で終わる。それ以降は馴染んでなければいじめられたりもする。私は9歳の時点でそのルールを知ってしまった。馴染むように必死であった。小学校4年生からは神戸の東灘区に住んでいた。両親の計画では中学校に上がる前にもう一度引っ越すことになっていたのだが、小学校6年生の1月17日阪神・淡路大震災が起こった。私が住んでいた地域は激震地区であり、友人が数人亡くなった。人はある日突然死ぬんだということを知った。

私はしばしば、ある日突然宇宙戦争が起こり、この世界がむちゃくちゃになるという夢想をしていたのだが、被災下の状況はまさしくそんな心象風景にぴったりで、不謹慎にも活き活きとしていた。学校は避難所になっており校庭は駐車場、授業も無いという状況で私は友人たちと校庭でバスケットボールをして過ごしていた。よく停めてある車にボールをぶつけては怒られたがそんなことはお構いなしだった。運動の苦手な私だったがその時は楽しかった。引っ越しも無くなり、私は行くはずではなかった中学校に通うことになる。

（2）中学生時代～学校生活での違和感

中学校の入学式前日に新入生が制服を着て集められた。私は一人っ子なので知らなかったのだが、毎年恒例らしく、そこでは制服が校則通りちゃんと着られているかの検査と校歌の練習が行われた。その中学校の制服は男子が学ラン女子がセーラー服で私はセーラー服を着なければならなかった。その頃私は私服でスカートは一枚も持っておらず、久しぶりのスカートにとても嫌な気持ちだったが、着られないというほどでもなかったので着て行った。それよりもチーフの結び方が分からず友人に結んでもらった。会場ではクラス分けが発表されており、男女混合名簿の時代にもかかわらず、男女が分けられていた。教師の号令のもと追い立てられながら出席番号順に並ばされ、スカートの長さや髪型、チーフの結び方、靴下をチェックされた。その後全員が大きな声で歌えるまで帰さないと脅されながらの校歌の練習があった。私は入学する以前にこの学校のルールには馴染めないことを確信した。

現在の私なら行くことを止めるだろうが、当時の私は何故男女でこんなにはっきり分けられなければならないのかとか、何故スカートなのか、ジャージで登校してはいけないのかとか、何故ここの教師は高圧的なのかとか自分では答えが見つからない不満を溜めながらも馴染む努力はしていた。転校生だった時に身についたものだったのだろう。そんな私を助けてくれていたのは友人と部活でやっていたバスケットボールだった。友人はチーフを結んでくれたり、これから起こる事を教えてくれたりしたし、その友人たちとする部活の時間は楽しみだった。多分親友だったのだと思う。

中学２年生になった頃、生活も落ち着いてきた時期に事件が起こる。初恋である。それまで私は恋というものをしたことが無く、そんなに興味も無かったので、すぐにそれが恋だとは思わなかった。その相手は部活の顧問で、女性だった。

ある朝友人たちに挨拶をしたら無視された。その後パスをしてもボールを受けてもらえなくなり、私の存在は完全に無視されるようになった。最初は原因が分からなかったのだが、もしかして、私が顧問を好きだからだろうかと思うようになった頃、見かねた顧問により部活の会議が開かれた。何故このようなことになっているのかという質問に、一番仲が良かった友人が「だってこいつ」と言って言葉を止めた。その時私はだってこいつレズやもんって言いたいんだと思った。もう確かめることもできないがそうだろうと思っている。

レズビアンであることは親友も好きな時間も失ってしまう。絶対にダメなことなのだと考えた結果私は、もしかして自分は男なんじゃないかと考えるようになる。男だったら許されたのにという考えがあった。私服や振る舞いは男子っぽくなり、また、元々不満の多かった学校では荒れた。だがその原因については誰にも話せなかった。普通って何なのだ、自分は普通ではない、普通で居られないことは怖い、でも普通にはなれないと一人では抜け出せなくなっていた。

進学先を選ぶ時期になり、中学校の私を知る人から離れたいと考えた私は工業高等専門学校を受験する。各中学校から一人行くか行かないかだからだ。制服が無いのも魅力的だった。５年制でクラス替えが無いというのは気がかりだったが、魅力が上回っていた。そして無事合格する。

（３）高専時代〜二度目の恋と絶望

高専に入って衝撃的だったのは、右を見ると髪の毛真っ青の人がおり、左を見ると中学校の制服のままの人がいたことだ。そして教室には留年生がいた。ある時髪の毛真っ青の人や中学校の制服のままの人のことを噂していると、留年生はそんなんほっといたりと言った。そして自分の自由が欲しければ他人の自由も保障するべきだと続けた。その一言に私は衝撃を受けた。自分は男にならなくても良いのではないかと考えるきっかけになった。しかしながら、もうだれも好きにはならないと決めていた。だが、またもや事件が起こる。クラスの女子を好きになってしまったのだ。そして私は絶望した。

この頃の状況を整理すると、相談相手が全く不在であった。だが、仮に相談に乗ってくれそうな人が居たとしても相談は出来なかったと思われる。それほどまでにレズビアンであることを明かすことは禁忌だった。

震災で人はある日突然そして簡単に死ぬという経験があり、中学生の間もそのことが頭を離れずにいた私は、絶望した時に当然のように死を意識した。しかし死ぬ前に新宿二丁目を見てみたいと思ったことが結果として事態を好転させた。

（４）仲間との出会い

18 歳の梅雨時家出をして東京に行った。そのまま死ぬだろうと考えていたが少しわくわくしていたのを覚えている。そこで初めて自分以外のレズビアンに会った。本当に居るんだと思った。そして、大阪にもゲイタウンはあること、もうすぐ大阪でレズビアン＆ゲイ映画祭があることを教えてもらった。その後道端で倒れ救急搬送され、両親に居場所がばれ家出は終わるのだが、行けそうな場所が知れて良かった。

レズビアン＆ゲイ映画祭に行った時に 200 席ぐらいの会場が満席だった。来ていた人に話しかけたりする度胸はなかったが、こんなにたくさんの人が集まっていることにとても勇気づけられた私は、どうにかすれば友人ができるんではないかと考えた。その頃はちょうど携帯サイトが出始めた頃で、もしかするとこれは使えるかもしれないと思い検索した結果女性同士の出会い系サイトを見つけた。それを利用していると住んでいる地域が近くて、年齢も近い人が見つかった。意気投合して会うことになり、初めて LGBT の友人ができた。その友人は OLP というレズビアンの多い当事者団体に出入りしている人だった。OLP は定期的にニュースレターを発行送付している当事者団体で、事務所は無いが大阪のドーンセンターに皆が集まり印刷・発送作業を行っていた。友人に連れられてその作業を手伝いに行った。これが私の人生初のボランティアである。そこにはレズビアン＆ゲイ映画祭でスタッフとして見かけた人が居たり、一度テレビのドキュメンタリー番組で見かけた人が居たりして人の輪が繋がっていくという当時の私には奇跡的に思える経験ができた。同年代だけでなく年上の人とも知り合えて、色々な話が聞けるのも楽しかった。残念ながら OLP はもう無いのだが、印刷・発送作業は可能な限り手伝いに行った。

当時の私は自分がレズビアンであるということを徐々に認め出していた。しかしながら自分のことを話すことはほとんど無くかなり無口な人だった。自分がレズビアンであるために友人を失ったり傷つけたりしてきたという後悔や罪悪感でいっぱいであった。そんな自分が自分を認めて良いのだろうかというようなことも考えていた。人に打ち明けようにも言語化できていない思いが強すぎて言葉が出てこなかったりもした。

OLP で知り合った人たちには自分でサークルや自助グループを開いている人も多くおり、それらに行くことでさらに人の輪が繋がっていった。そして QWRC にも繋がる。

（5）QWRCでワークショップを開催

QWRC でもニュースレターを発行していた。初めはそういった作業や QWRC 祭りの時にたこ焼きを焼く係りを手伝ったりしていたのだが、段々と手伝いの幅が広がっていき、ある時次回の QWRC 祭りで若者にまつわるワークショップをやらないかと提案された。その時私はワークショップやファシリテーターという言葉を初めて聞いたという超素人だったのだが、不思議なことに学校に行っていた時のことを考えるワークショップをしたいと思いつき、即座に引き受けてしまった。もしかしたら私の抱える後悔や罪悪感に少しは出口が見えるんじゃないかという期待もあったと思う。そして当日、ほとんどの人が学生時代に何かしらの傷つき体験があることが知れた。具体的な出来事を質問はしなかったのでそれがどんな事なのかは分からないが、その場の人たちから傷つきと共存できるんだということが学べた。後悔や罪悪感は今でもあって言語化できていないことも依然としてある。それら全てを解消することはできないし、もし解消できたと思ったらそれは勘違いのような気がするが、少し解消するにはセクシュアリティのことを勉強したり、悩みを分かち合う機会があれば何かの助けになる。そんな場が欲しいし他の若い人にもきっと必要だと思い定めることとなった。以上がカラフルに繋がっていくワークショップをした顛末である。これ以降私は QWRC の中で色々な役割に就いていく。そして 2013 年にメンヘル！というプログラムを担当する。

4．メンタルに悩みがある人限定のプログラム「メンヘル！」

メンヘル！は LGBT など多様な性を生きる人で、メンタルに悩みがある人限定のプログラムである。言いっぱなし聞きっぱなしのミーティングや SST、当事者研究を週替わりで毎週土曜日の 11 時半から 12 時半に開催している。ダブルマイノリティを対象とした自助グループの要素の強いプログラムである。何故メンヘル！を始めたのかだが、LGBT など多様な性を生きる人でメンタルに悩みがある人、希死念慮・自傷・自殺未遂の経験がある人はとても多い。メンタルのことを話す場ではセクシュアリティのことが言えず、セクシュアリティのことを話す場ではメンタルのことが言えないということもよくある。安心して病気のことを語りたいという思いがあったからだ。

ここでも私の話をしたい。

（1）誰にも相談できない

学生時代レズビアンであることを禁忌とし、誰にも相談できず、自殺を考えていた私のメンタルはぼろぼろであった。家出後一度精神科を受診したことがあるのだが何を言えば良いのか分からず、必死の思いで普通じゃないと思うんですと発した一言に、その年齢ならよくあることですよと言われるという散々な結果に終わっていた。これがよくあることなら世の中の 18 歳みんな死んどると思ったがそれは言えずよく分からないままに診察が終わり二度と行かなかった。

部活の中で無視されていた 14 歳の頃、私の愛読書は別冊宝島で女を愛す女たちの物語やゲイの玉手箱などだった。買う度胸は無く本屋で立ち読みをするのが精いっぱいで、もし知り合いに見つかった時のカモフラージュのために一緒に手に取っていたのは隣のサイコさんだった。アンダーグラウンドな雰囲気を出せて良いのではないかというチョイスだったのだが、その中で統合失調症のことを知る。なんとなく自分はこういった人になるのではないかと思っていた。15 歳になった頃自分でしようと思っての自傷行為をした。それまでも自傷行為はしていたのだが、しようと思ってしたのは初めてだった。16 歳には刃物を使うようになっていた。先にも書いたが、誰かに相談しようという気にはならなかった。仮に相談に乗ってくれそうな人が居たとしても相談は出来なかったと思われる。何故相談できなかったのかをもう少し掘り下げると、まず一つ目に挙げられるのは悩みのどれか一つでも相談することでセクシュアリティのことを話さなければならないようになると思っていたことである。見方を変えて言うとセクシュアリティのことを避けて相談することは不可能だと思っており、しかしまだ当時はその準備が出来ていなかった。二つ目には最適な相談相手を見つける方法が分からなかったことが挙げられる。当時の人間関係は限られており、両親・親戚・学校の教員・学校の友人・アルバイト先の人達ぐらいしか相談が出来そうな相手が居なかったのだが、仮にその人達に相談するとして、怒られたり、いじめられたり、馬鹿にされたり、心配されたりするリスクがとても高いように思っていた。三つ目には自分は困った状況に居るべきだと思い込んでいたことが挙げられる。自分のせいで親友を失ってしまったという自責の念が強く、自分が楽になることは許されないという思い込みである。

18 歳の家出後それまで機能不全だった両親との関係が、ますます相談できるような関係では無くなった。学校に行くことは再開したのだが好きになってしまった人に合わす顔が無く自分から逃げてしまったため、交友関係の見直しが起こった。そんな中で LGBT の友人を作り当事者団体に行くようになる。新しい交友関係が広がっていく中で、ここにも居場所が無くなってしまったら本当に行くところが無いという危機感を覚え、今度ばかりはちゃんと馴染まなくてはと思っていた。

（2）メンタルの悪化

LGBT だからといって他の社会問題や人権問題に敏感かというと、そうではない人も居る。もちろん社会の中で全ての人が敏感ではないのと同じである。敏感ではない人達の中では価値観がマッチョになりがちで、より良い LGBT を目指したり、ジェンダーに縛られたり、人に分かりやすさを求めたりする。はじめのうちは私もそれに馴染まないといけないし馴染めると思っていた。友人に会っていれば楽しく、徐々に自分がレズビアンであることを認め出すと、自分のメンタルがぼろぼろだということを忘れてしまった。そうして馴染めていた期間があり、私はもう大丈夫なんじゃないかと考えだした。過去のことを思い出すとしんどくなるにもかかわらずである。20 歳で学生期間が終わり、新卒で就職をした。そこで上司からのひどい暴力にさらされる。ファイルが飛んで来たり、残業も月 100 時間ぐらいになっていた。それでも、私はそのことに疑問を持っていなかった。所詮働くなんてそんなものだろうと諦めていた。自分の身を守る行動が取れないほどに追い詰められていたのだと思う。そしてある日突然起き上がれなくなり、そのまま退職した。この時養生することなく次の仕事を探した。今思えば無茶であるが生活していくには働かなければいけなかったのである。2 つ目の会社は今思えば良い環境だったのだが、私のメンタルが悪化してしまい退職することになった。その後もだましだまし働き、職を転々とする。結果として敏感ではない人達に馴染むのが無理になった。

メンタルは悪化していて、仕事も不安定だったがQWRCには行っていた。カラフルを始めたのもこの頃だった。相変わらず無口だったが少しずつ人に話せるようになっていたものの解消できないしんどさがあった。そしてとうとう危機が訪れる。頭の中が騒がしくなりほとんど眠れなくなってしまった。2006年24歳のことだった。

（3）信頼できる医師との出会い

何カ所かの精神科・心療内科を受診したことで、私にはセクシュアリティのことが言えて会話が出来る医師が必要なことが分かった。ただどの医師がセクシュアリティのことに理解があるのかなど分かりようも無かった。当たって砕けろと思い家から近い精神科・心療内科をインターネットを使って片っ端から検索して予約を取った。思い切ったことが良かったのか一つ目の医師が現在も通院している先になった。初診の時に一緒に暮らしている人は居るかと聞かれ、居ると答えると彼氏？と聞かれた。私は覚悟を決めて「いや、彼氏ではなくて…」と言ったところで「ああ、彼女ね」と言われた。そういう人多いのよ～と朗らかに続ける医師を私は一発で信用した。何回目かで診断名も確定した。統合失調症だった。中学生の時の予感が当たったのである。その後妄想や希死念慮に苦しみ、自傷行為や過剰服薬を繰り返しながらもその根底にある私の後悔や罪悪感を少しずつほどいていくことができた。自分でも認知行動療法を試したり、専門書を読んだりして病気の特徴や自分に起きていることなどを学んだ。この時の積み重ねがメンヘル！のプログラムに活きている。そして自分が落ち着いてきた時、周りを見たらメンタルに悩みのあるLGBTが多いことに気付いた。QWRCのスタッフに自助グループマニアが居たので二人でメンヘル！を始めることにしたのである。

5．QWRCのこれから

ここまで、私の経験のみではあるが、LGBTなど多様な性を生きる人がどのような困難を抱え孤立しそしてどのようにその孤立を解消していくのかを書いてきた。それでは今後の展望を書いて終わりたいと思う。QWRCでは医療福祉分野へのアプローチに力を入れてきた。今後も関係各所と連携しながらその活動を続けていきたい。個人的には自助と専門家をつなぐ機能を成していきたいと思っている。またQWRCでは相談事業にも力を入れていく。そのためにカウンセリングを安価に受けられるシステムの構築や、電話相談、同行支援も積極的に行っていきたいと考えている。ぜひともお力添え願いたい。個人的に思っていることがもう二つある。一つはボランティアに来たらごはんが食べられるという環境を作りたいことである。これはカナダに居る友人から聞いたのだが、カナダではLGBTのパレードのボランティアオリエンテーションでごはんが振る舞われるらしい。報酬を出すことはできないが、一食あるという安心感は大きいのではないかと思う。食事を共にする楽しさもあるに違いないと思い素敵なシステムだなと思った。二つ目はLGBTなど多様な性を生きる人のための就労継続支援施設を作りたいということだ。夢を語って本稿を終わることにする。

LGBT の T をめぐる社会的孤立

大阪府立大学
教授 東優子

2015 年 4 月、文部科学省が初めて「性的マイノリティ」の子どもたちに配慮するよう、全国の都道府県・政令指定都市教育委員会に通知して以来、教育関係者はもとより、自治体や企業などによる研修が激増している。こうした研修の目的は「正しい知識と理解」の推進にあるとされ、それに基づく「きめ細やかな対応の実施」が求められているところである。しかし、こうした「正しさ」は時代や社会・政治によって変化するものである。とくに LGBT の T に関する知識と理解は、国際社会で主流化している言説と異なり、「性同一性障害」という（現在では国際的な診断基準から削除された）疾患概念と二分法的な性別概念に依拠している点が日本社会の特徴と言える。本稿では、当事者の「生きづらさ」を解消することを目的とした教育現場における対応事例や「性同一性障害特例法」などが、本来の目的や理念とは異なり、新たな人権課題を生んでいる実態と背景を紹介する。

【キーワード】●LGBT ●SOGI（性的指向・性自認） ●性同一性障害 ●社会的孤立 ●人権

1．はじめに

2015 年 4 月、文部科学省が初めて「性的マイノリティ」の子どもたちに配慮するよう求めた通知を、全国の都道府県・政令指定都市教育委員会に発出した。実は、同省による通知は、2010 年の性同一性障害に係る児童生徒についてのきめ細かな対応の実施を要請した「児童生徒が抱える問題に対しての教育相談の徹底について」に続いて、これが 2 度目となる。

前回と異なる点としては、1）（2014 年に文科省が実施した初の全国調査の結果に基づき）性同一性障害に係る児童生徒についてのきめ細かな対応の実施に当たっての具体的な配慮事例等が示されたこと、2）対象を「性的マイノリティ」に広げたこと、が挙げられる。とくに「性的マイノリティ」については、「自殺総合対策大綱」（2012 年 8 月 28 日閣議決定）においても、「自殺念慮の割合等が高いことが指摘されている性的マイノリティについて、無理解や偏見等がその背景にある社会的要因の一つであると捉えて、教職員の理解を促進する」と、明記されているところである。

2016 年 4 月には、具体的な配慮事例を示した冊子『性同一性障害や性的指向・性自認に係る、児童生徒に対するきめ細かな対応等の実施について（教職員向け）』（文部科学省）も刊行された。日高庸晴・宝塚大看護学部教授らの調査によれば、同年末までに、全国の教育委員会の 9 割超で性的マイノリティ／LGBT をテーマとした教員研修や人権研修が実施されていたことが明らかになっているという[1]。教育関係に限らず、一般市民向けの講演会や企業内研修などの形でも実施されるようになっている。

2．性的マイノリティ／LGBT とは誰のことか

「性的マイノリティ（少数者）」の字義は、「性のありようにおいて、多数派とは異なる人びと」であり、「多様な性のありよう」という文言と共に使用されているが、人権に関わる議論で扱う対象は、実はそれほど多様ではない（例えば、「小児性愛者」などはそうし

[1] 永田大「LGBT の教員研修、全国 6 割で実施　文科省通知で対策」朝日新聞デジタル 2017 年 5 月 26 日付

た議論には含まれていない)。もっぱら「性的指向およびジェンダー・アイデンティティのありようが、異性愛規範によるセックス、セクシュアリティ、ジェンダーに関するカテゴリー、あるいは男性／女性および異性愛／同性愛といった二項対立的な捉え方の範疇外にある人びと」(Grace, 2009: 6) といった、極めて限定的な意味で用いられている。

その「誰」をより明確にした用語が LGBT である。米国の当事者運動では、少なくとも 1980 年代後半に使用され始めていたと言われており、決して最近登場した用語ではない。

LGBT とは、レズビアン (L)、ゲイ (G)、バイセクシュアル (B)、トランスジェンダー (T) の頭文字を組み合わせたものである。インターセックス（I）やクェスチョニング (Q) といった頭文字を追加して、LGBTI や LGBTIQ などと表記されることもある。LGBT は「LGBT など」という意味で使用されていることが多い。

3. 用語の変遷に刻まれた差別・偏見・スティグマ

近年の国連をはじめとする国際会議や各種刊行物においては、従来の「性的マイノリティ」にかえて、この LGBT が使用されるようになっている。決して「性的マイノリティ」に差別的なニュアンスがある、というわけではないが、その理由の補足説明として、少し用語の変遷について解説しておきたい。

そもそも「性的マイノリティ」の語源は、スウェーデンの精神科医 Lars Ullerstam（ラース・ウレルスタム）が 1967 年に出版した The Erotic Minorities: A Swedish View という書名にある「エロティック・マイノリティ」であるとされる。19 世紀以降の近代精神医学・精神分析学は、同性愛を含む、さまざまな非規範的な性のありようを病理化した。それらを総称するものとして使用されていた「性的倒錯」や「性的異常」といった用語に付与されたスティグマを払拭するために、戦後の人権運動で使用されていた「エスニック・マイノリティ」をヒントに「エロティック・マイノリティ」を造語したのだという (Lennerhed, 2014)。ちなみに、エロティシズムは、人間の性（セクシュアリティ）[2]を構成する重要な要素の一つであるが、その全てではない。そういうことも、その後「性的マイノリティ」に置き換わり、広く定着していった理由のひとつなのだろう。

このように、「性的マイノリティ」という用語は、人権的アプローチから生まれたものである。しかし、人権を議論するには、いささか使い勝手が悪いところもある。つまり、世界にはまだ同性間性交渉を法律で禁止している国が 80 ヵ国近くも存在しており、さらにその約1割の国においては、最高刑に死刑が言い渡されることがある。そうした異なる宗教・文化・社会的背景をもつ国の集合体である国連では、「性的マイノリティ」の直面する課題を議論の遡上に上げることさえ「タブー」と言われてきた。そうした状況にあって、「性的マイノリティ」という字義（性のありようにおいて、多数派とは異なる人びと）が「小児性愛者」なども含みうることが、価値観が激しく対立する議論をますます紛糾させることになるのである。その点、LGBT という総称は「誰」を明らかにすることができる。これも、国際社会で「性的マイノリティ」が使用されなくなっている理由のひとつである。しかしこれとは別の、むしろさらに重要な理由もある。

HIV／AIDS によって甚大な影響を受けた 1980 年代に、コミュニティの連帯を示すために生まれた総称で

---

[2] 「セクシュアリティ」の定義は分野によって異なるが、性科学での定義は以下の通りである。「人間であることの中核的な特質の一つであり、セックス、ジェンダー、セクシュアルおよびジェンダー・アイデンティティ、性的指向、エロティシズム、情動上の愛着または愛情、および生殖を含む。セクシュアリティは、思考、幻想、欲望、信念、態度、価値、活動、習慣、役割、関係性などにおいて経験され、あるいは表現される。セクシュアリティは生物学的、心理学的、社会・経済的、文化的、倫理的、宗教的あるいはスピリチュアルな諸要素の相互作用がもたらす結果の一つである。セクシュアリティはこれらの側面のすべてを含みうるが、これらの特性すべてが経験され、表現される必要はない。我々のセクシュアリティは、我々のありようや、我々が感じ、考え、行なうことにおいて経験され、表現される。」(PAHO et al., 2000)

あるLGBTは、当事者がプライドと尊厳を込めて使用してきた自称である。（とくにLGBTのTには「病理化」されてきたことへの強い抵抗の意が込められている。これについては後で詳述する。）人権の話をする際に、他者からの名づけではなく、当事者の自称を使用するというのは、人権的アプローチの「基本のき」であると言える。

最後に、より最近使用されるようになってきたSOGIという用語についても触れておきたい。SO（Sexual Orientation）は性的指向、GI（Gender Identity）は、性自認（ジェンダー・アイデンティティ）の略である。これは、2007年に国連人権理事会が、SOGIなどの属性による差別が人権侵害であることを明記した「ジョグジャカルタ原則」（正式名称「性的指向と性自認に関わる国際人権法の適用に関する原則」）を承認して以降、国際社会で使用される頻度が増している用語である。SOGIは、LGBTなど「性的マイノリティ」に限らず、すべての人々に関わる概念であり、カテゴリの政治（アイデンティティ・ポリティクス）を排除したところでの議論を可能とする。人権課題をめぐる議論において、LGBTが「誰」を明らかにするものであるのに対して、SOGIは「何」に焦点化した用語なのである（図１を参照のこと）。

【図１】性の多様性とさまざまな用語

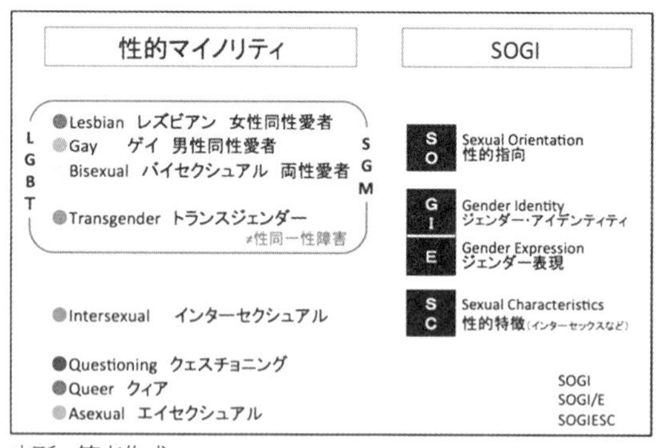

出所：筆者作成

４．性の多様性と健康と権利

（１）性の多様性

性科学の世界でよく知られた言葉に "Sex is between the legs, but sexuality is between the ears."（セックスは両足の間にあるものだが、セクシュアリティは両耳の間にあるもの）というのがある。これは、1964年に全米性情報・教育評議会（SIECUS）を設立した医師のMary Calderone（メアリー・カルデローン）とLester Kirkendall（レスター・カーケンダール）が提唱したとされる言葉である。トランスジェンダー・アクティヴィストのパイオニアであるVirginia Prince（ヴァージニア・プリンス）が「セックスは両足の間にあるものだが、ジェンダーは両耳の間にあるもの」と言ったことで、広く知られるようになったとされる（Devor and Dominic, 2015）。

ここでいうセックスとは「性別」のことである。出生時に視覚確認された外性器の形状に基づいて、男女のどちらかに割り当てられ、宣言されるものが「性別」であることを意味している。一方、「両耳の間にあるもの」とは、脳（大脳新皮質）のことである。「自分の性別をどうアイデンティファイするか」（ジェンダー・アイデンティティ）、「どう表現するか」（ジェンダー表現）、あるいは「誰を好きになるか」（性的指向）といった、セクシュアリティの複雑な構成要素は、出生前に規定された生物学的・先天的な特徴と、出生後の様々な諸要因の複雑な交互作用の結果であることを意味している。

図２のジェンダーブレッド・パーソン（Killermann, 2015）は、LGBTをそれぞれ特徴づける４つの要素（ジェンダー・アイデンティティ、ジェンダー表現、生物学的・解剖学的特徴、性的指向）に注目し、同性愛者やトランスジェンダーという集団がそれぞれにいかに多様な存在であるかを視覚的に説明したものである。国内の一般的な研修や講演会では、例えばジェンダー・アイデンティティについて、「男性」と「女性」を同一次元の両端に位置づけて説明することが多く、それはそれでわかりやすいのだが、「多様性」の説明に

【図２】性の多様性と４つの要素

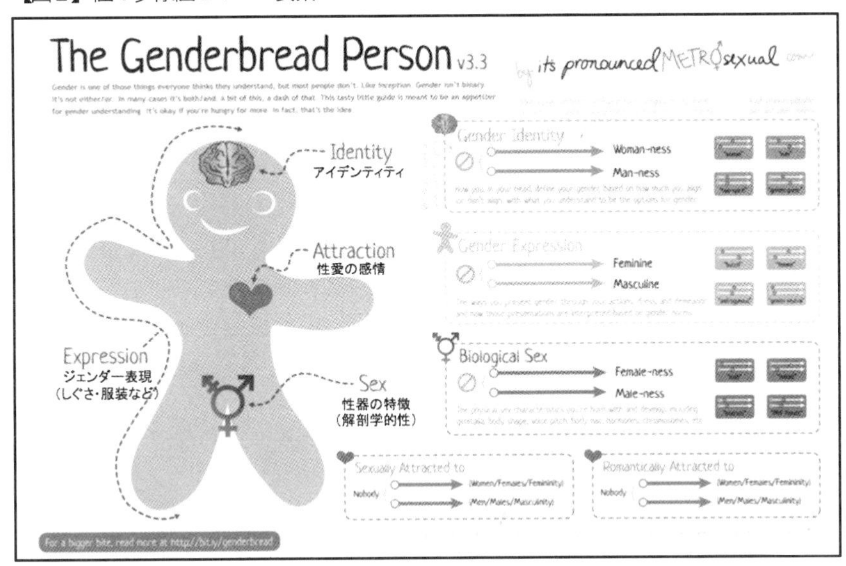

出所：Sam Killermann "The Genderbread Person v3" (2015)

【図３】セクシュアリティは十人十色

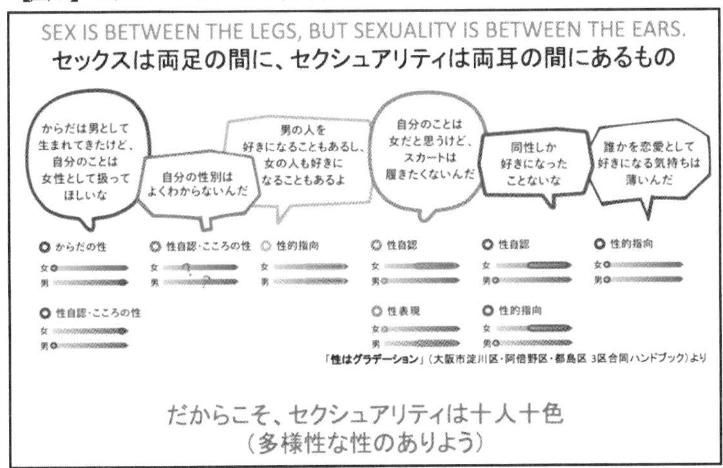

出所：東優子監修『「性はグラデーション」 大阪市淀川区・阿倍野区・都島区 3区合同ハンドブック』(2015) をもとに筆者作成

は不十分である。この図では、４つの要素を二次元のスペクトラム（連続体）で表現しているがゆえに、ある個人の性のありようを表現するには、２次元×４要素のどこか、つまり合計8つの点を打つことになる。シスジェンダー（Cisgender＝性別違和のない状態にあるという意）の異性愛者など、「性的マイノリティではない」「ふつうの男性」「ふつうの女性」と自己を捉えている人々が8つの点を打つ作業をしてみた場合も、その結果はまったく同じものにはならないはずである。

実際には、性を構成する要素は上記４つ以外にも様々に存在しており、性のありようは実に多様で複雑なものである。あらゆる存在が、それぞれに個性的で多様なのであり、セクシュアリティは「十人十色」なのである（図３）。

（2）性の健康と権利

WHO が最初に「性の権利」を定義したのは 1974 年のことだが、とくに過去 20 余年ほどの間に、国際社会において「性の健康と権利」をめぐる議論が活発になっている。異なる宗教・文化的背景をもつ国際社会では、婚姻や離婚、家族計画（避妊）や人工妊娠中絶、身体の自律など、個人の性的自己決定に関する合意形成には著しい困難が伴う。ましてや、同性間性交渉や婚姻の平等（同性婚）、あるいはトランスジェンダーをめぐる性別承認のありようなど、議論の対立軸は様々に存在するが、性の健康と権利は「国際社会および各国・地域において策定された人権に関する文書，憲法や法律，人権保障に関する基準や原則，人間の性や性の健康に関する科学的知見においてすでに認知された普遍的人権」(東・中尾, 2015: 59) である。

近年、国連はこれまでにない関心を LGBT の権利擁護に注いでいる。このイシューは長く「国連のタブー」と言われてきたが、2012 年の国連人権理事会において潘基文・国連事務総長が LGBT に対する差別と暴力の根絶に向けた取り組みを約束する演説を行い、国連人権高等弁務官事務所（OHCHR）によって冊子 Born Free and Equal（副題　国際人権法における性的指向とジェンダー・アイデンティティ）が編集刊行され，国際的なキャンペーンが展開されている。

国内でもまた、こうした国際的潮流を踏まえ、性的マイノリティ／LGBT の理解促進・支援対策が活発化している（下表参照)。とくに問題視されているのは、LGBT に指摘される高い自殺関連経験率や不登校率である。家族や友人を含む周囲の無理解や拒絶、社会的孤立や孤独感、暴力やいじめなどの被害は、鬱や不安神経症、長期にわたる心的外傷後ストレス障害（PTSD）など、様々なメンタルヘルスの問題を引き起こす原因となる。そのことがまた、不登校やドロップアウト、自傷行為や自殺関連行動を引き起こし、あるいはアルコール依存や薬物使用、暴力被害・加害や性感染症などに直面するリスクを生み出すことも、様々な文献で指摘されているところである。

【表１】国内における様々な取り組み事例

判例	「無関心であったり知識がないということは公権力の行使に当たるものとして許されない」東京都府中青年の家裁判（1997）
自治体の取り組み	東京都人権施策推進指針（2000)、堺市「男女平等等社会の形成の推進に関する条例」(2002) …文京区「男女平等参画推進条例」(2013)、多摩市「女と男の平等参画を推進する条例」(2013)、淀川区「LGBT 支援宣言」(2013) …同性パートナーシップ制度の導入（渋谷区・世田谷区・三重県伊賀市・兵庫県宝塚市・那覇市・札幌市)、大阪府「性的マイノリティの人権問題についての理解増進に向けた取組」(2017)、その他
法務省	人権擁護局・人権週間の強調事項「性的指向を理由とする差別をなくそう」(2002～)「性同一性障害を理由とする差別をなくそう」(2004～)
文部科学省	通知「性同一性障害の児童生徒への配慮、性的マイノリティの児童生徒への相談体制の充実について」(2015)、取組事例集（2016）
自殺総合対策大綱	自殺念慮の割合等が高いことが指摘されている性的マイノリティについて、無理解や偏見等がその背景にある社会的要因の一つであると捉えて、教職員の理解を促進する。」(2012)
男女雇用機会均等法（セクハラ指針）改正	「被害を受けた者の性的指向又は性自認にかかわらず、当該者に対する職場におけるセクシュアルハラスメントも、本指針の対象となる」ことを新たに明記(2016 改正、2017 施行)

人事院規則10−10（セクハラの防止等）	国家公務員の人事や処遇などを取り扱う人事院が、国家公務員におけるセクハラにSOGIに関する偏見に基づく言動」が含まれることを明記（2016）

5．LGBTのTをめぐる問題

（1）性同一性障害大国ニッポン

ところで、LGBTのLG（同性愛者）やB（両性愛者）に比べて、T（トランスジェンダー）の社会的認知度が低いというのは洋の東西を問わないが、国内の当事者運動には、諸外国のそれと異なる点を指摘することができる。その象徴が、「トランスジェンダー（性同一性障害者を含む）」といった説明的表記であり、LGBT当事者団体でさえこれを使用してきた（ただし、過去数年はようやくその数が激減している）。

性同一性障害（Gender Identity Disorder: GID）というのは、WHOの「国際疾病分類」（現在は第10版なのでICD-10と表記される）に記載された精神疾患の診断名であり[3]、社会的マジョリティとは異なるジェンダー・アイデンティティのありようを病理化することへの異議申し立てとして登場したのが、トランスジェンダー概念である。そもそも、この診断名を必要とする治療というのは、ホルモン療法や手術療法など、身体変容に関するものであることから、専門家の間でも「ジェンダー・アイデンティティがディスオーダーな状態」という名づけ（ネーミング）の矛盾が指摘されてきた。

当事者のプライドと尊厳が込められたトランスジェンダーと、他者からの名付けであり、病理概念である性同一性障害（者）は、いわば「水と油」の関係にある。トランス当事者がこれを自称するのは、もっぱら異性装がシャーリア法に違反するとして処罰されるがゆえに、「罪人ではなく、病人」を強調する必要がある国や地域、そして日本だけなのである。

その日本で、トランスジェンダーのニーズや直面する課題が公に語られるようになったのは、埼玉医大倫理委員会が当事者の苦悩を正当な医療の対象とすることを認める（要は、性別適合手術の実施を認める）と答申したことをきっかけとして、「性同一性障害（Gender Identity Disorder）」という疾患概念が社会的認知を得た1990年代半ば以降のことである。その後、1999年にGID（性同一性障害）学会第1回研究大会が開催され、2003年には性同一性障害特例法が成立するなど、日本の支援システムは、同疾患概念を中心に構築されてきた。この過程で日本の当事者（運動）は、諸外国の「非病理化運動」との接点をほとんど持たず、独自の展開を経てきた。現在、名称にGIDを冠した当事者団体も少なくないなど、ある意味で日本は、世界に稀に見る「性同一性障害大国」になったと言える。同性愛や異性装を禁止する法律ももたない日本のこうした状況は、諸外国からみれば不思議に思われるだろうが、その背景には、当事者が「語れない」状況に置かれてきた長い歴史と、医学的ニーズという切り口がなければ、現在のように人権課題として積極的に取り組むことができなかったであろう、日本という社会の問題が横たわっている。

（2）「正しい知識と理解」を疑え

LGBTに対する差別・偏見・スティグマの解消には、「正しい知識と理解の推進」が重要とされ、これに基づく「きめ細かな対応の実施」が求められている。しかし、「正しい知識と理解」とは何だろうか。

例えば、冒頭で紹介した文科省通知（2015年）では、次のような文言が登場する。

[3] 国際的診断基準として知られる米国精神医学会のDSM（精神疾患の分類と診断の手引）でも「性同一性障害」が使用されていたが、2013年に刊行されたDSM-5では、「性別違和（Gender Dysphoria）」に名称変更されている。WHOでも、現在の大幅改訂作業を経て、2018年に発表される予定となっているICD-11においては、「性別不和」を意味するGender Incongruenceという名称に変更されることになっており、従来の精神疾患という位置づけが見直される可能性も検討されている。

> 性同一性障害者とは、法においては、「生物学的には性別が明らかであるにもかかわらず、心理的にはそれとは別の性別（以下「他の性別」という。）であるとの持続的な確信をもち、かつ、自己を身体的及び社会的に他の性別に適合させようとする意思を有する者であって、そのことについてその診断を的確に行うために必要な知識及び経験を有する二人以上の医師の一般に認められている医学的知見に基づき行う診断が一致しているもの」と定義されており、このような性同一性障害に係る児童生徒については、学校生活を送る上で特有の支援が必要な場合があることから、個別の事案に応じ、児童生徒の心情等に配慮した対応を行うこと。

ここではトランスジェンダーではなく、性同一性障害（者）に言及しているとはいえ、「心と身体の不一致」という当事者像は、国際社会ではもはや前時代的なものになりつつある。そもそも児童生徒は、医療サービスが利用できる年齢に達しておらず、戸籍上の性別変更もできないため、診断が必要ない。また仮に必要性が生じる事態があるとしても、小児期の診断は非常に困難であるとされる。

国際機関が合同で策定したトランスジェンダーの定義は、次のようなものである。「自分自身を出生時に割り当てられたジェンダーとは異なるものとして認識している人々。彼らは，出生時に割り当てられたジェンダーに期待される役割とは異なる，自分自身のアイデンティティを表現することがある。トランス／トランスジェンダーの人々は，地域的，社会的，宗教的あるいはスピリチュアルに定義された方法で自身を認識していることが多い。」(Health Policy Project et al., 2015: xi）ここで強調されているのは「出生時に割り当てられたジェンダーとは異なる」という点のみである。

「心と身体の不一致」というステレオタイプな言説が「正しい知識・理解」として温存され、そうした環境で育つ次世代への影響も危惧されるところであるが、現時点においても、様々な負の影響を生んでいる。

（３）性同一性障害特例法をめぐる人権問題

日本精神神経学会の調査によれば、性別違和を主訴に国内の主要医療機関を受診した人は、2015 年までで延べ２万2,000 人以上に上る（針間,2016）。これに対して、2004 年の性同一性障害特例法施行後、戸籍の性別を変更した人は 2016 年末までに約 6,900 人といわれており、申請に必要とされる「5 要件」の中でも、性別適合手術がハードルとなって、性別変更をあきらめている人が多く存在することが示唆されている。諸外国では、手術を性別変更の要件から除外する動きが進んでおり、アルゼンチンやデンマークなど、すでに約 30 カ国で手術なしでも性別を変更できる状況になっている。

これに関連して、WHO をはじめとする国連諸機関は、「強制・強要された、または非自発的な断種の廃絶を求める共同声明」(OHCHR et al., 2014) を発表している。この共同声明は、特定の集団（HIV 陽性者、障がいのある人々、先住民族、民族的マイノリティ、トランスジェンダーおよびインターセックスの人々など）において、不均衡に、不妊手術などの断種が行われている実態について述べ、本人の同意に基づかない医療処置が、健康・情報・プライバシーに関する権利、生殖に関する権利、差別されない権利、拷問と残酷及び非人道的又は侮辱的取り扱い又は処罰からの自由に関する権利など、国内外の様々な公文書が保障する人権を侵害するものであるとして、強く非難するものである。特にトランスジェンダーについては、「出生証明書および他の法的文書における性別記載を望みの性に変更するために、断種を含む、様々な法的・医学的要件を満たさなければならない」(同掲: 2) ことを人権侵害の例として挙げ、「手術要件は、身体の完全性・自己決定・人間の尊厳の尊重に反するものであり、トランスジェンダーおよびインターセックスの人々に対する差別を引き起こし、また永続させるものである。」(同掲: 7) と非難している

性同一性障害特例法をめぐる議論では、5 要件について「厳しい」という声を聞くが、生殖能力（妊孕性）の放棄や身体変容を要件とする点について、もはや

「厳しい」という表現さえ不適切であると言わざるをえない。

国際学会 WPATH(World Association for Transgender Health)もまた、2010 年にいち早く学会の立場表明をし、今回の共同声明が発表された後の 2015 年に再び声明を発表し、次のように勧告している。「いかなる医学的・外科的・精神保健的治療および診断の有無も、個人のジェンダー・アイデンティティの的確な指標（an adequate marker）になるものではない。したがって、法的な性別変更の要件にしてはならない。（略）婚姻形態や親であるということが，性別変更の法的承認に影響してはならない。青年期のトランスジェンダーにも適切に法的な性別承認が得られるようにしなければならない。」(WPATH, 2015)。

（4）対応事例とトイレ・更衣室問題

先の WHO らの共同声明には、"full, free and informed consent"（十分かつ自由な説明に基づく同意）という文言が繰り返し登場する。これは法律における要件や医療に限らず、何らかの処遇や合理的配慮（理にかなった調整）を要請した者が、外部からの制限や同調圧力を受けることのない環境の中で十分な情報と選択肢が与えられ、その上で自己決定する環境が整えられてなければならない、という意味である。

その意味において、トランスジェンダーが男女別のトイレや更衣室を使用する際の「対応事例」（文部科学省, 2016）についても、これをベスト・プラクティスとすることなく、教育現場や職場における「きめ細やかな対応」と実施の見直しが必要になる。つまり、学校の場合、男女別のトイレについては、職員用や多目的トイレを使用することを「許可する」と紹介されているのだが、「許可する」という言葉のニュアンスとは裏腹に、合理的配慮を求めた本人に対して多様な選択肢を示したわけではない。出生時の外性器に基いて割り当てられた戸籍上の性別に一致しないことを理由に、本人が望むトイレの使用を禁じられている状態を意味する。

トイレ・更衣室問題については、当事者ニーズよりも「周囲の理解・周囲への配慮」が優先される。犯罪への不安や危惧は、それが性にかかわらない事柄であっても、常に存在するものである。それでもなお、「多様性の尊重」を謳う社会において、人種・民族・宗教・年齢・出自・障害の有無などを理由に、特定の人々の施設利用を制限することが許されるだろうか。ジェンダー／セクシュアリティにまつわる不安や危惧が正当化され、「許可する」という特別な配慮によって、当事者たちが周囲の好奇心にさらされ、アウティング（本人の意に反した暴露）にもつながりかねない。また、性器主義・戸籍主義を固辞する社会で生活し続けることが、手術による身体変容に関する説明同意や自己決定を形骸化するという視点からも、問題を捉え直す必要がある。

6．さいごに

国内のトランスジェンダーをめぐる今日的状況においては、慢性的な専門医療機関不足や技術不足の解消に向けた専門医認定制度や専門家養成制度が整備されつつある。専門医認定について言えば、これを受けるためには、性同一性障害に関する論文や講演など、具体的な業績があることが条件となっている。その上で、数回の研修を実施し、ホルモン療法や手術など医療面での専門知識のほか、性別違和のある子どもの学校生活や地域での支援態勢の在り方について、習得していくことが期待されている。差別・偏見・スティグマの解消に向けた動きなのだが、専門家の講演を通じた、あるいは論文に書かれた内容に基づく「正しい知識と理解の推進」が、むしろ人間の多様な実態から私たちを遠ざけているのではないか、と思うことがある。

性的マイノリティに関する専門的知識といえば、同性愛者が長く精神疾患とみなされてきた歴史にも明らかであるように、過去の教科書には現代では通用しない情報・知識が溢れている。1990 年代半ばに日本の医療に「性同一性障害」概念が導入された時、それまで当事者を診たことのある医者はほとんど皆無だった。

専門家の教科書は、今も昔も受診してくる当事者である。しかし、トランス当事者についてはとくに、特定の医療サービス利用や法的性別承認の要件を満たす必要性があって受診する場合がほとんどである。それゆえに、実際の多様なニーズや実態は診察室では立ち現れにくい。

さらに、当事者のありようや言説もまた社会のありようと無縁ではなく、時代や政治的状況によって変化する。ジェンダーやセクシュアリティに関する事柄で悩み苦しむ個人の問題解消について、仮にその個人がまったく変わらず、そのままだったとしても、社会や環境が変われば問題の量も質も大きく変化する。しかし現状の支援システムはまだ、ダイバーシティ＆インクルージョンの推進を唱えながらも、既存の概念やシステムにどううまく適応させるかに焦点化しているように思えてならない。トランス当事者が門番である専門家に対して（授業料や講演料を受け取るのではなく）受診料を支払い、自分が自分であるためのライセンスを取得しなければならないようなシステムではない未来になれば、私たちにいま見えている風景は、きっと大きく変化するのかもしれない。

（参考文献）

・東優子・中尾美樹（2015）世界性の健康学会「性の権利宣言」社会問題研究. 64: 59-62.

・Devor A. and Dominic K. (2015) Trans* Sexualities. In: DeLamater J., Plante R. (eds) Handbook of the Sociology of Sexualities. Handbooks of Sociology and Social Research. Springer, Cham: 181-199.

・Killermann, S. (2015) The Genderbread Person v3. http://itspronouncedmetrosexual.com/2015/03/the-genderbread-person-v3/

・Grace, A. P. (2009) Still Much Work to Do: The Institute for Sexual Minority Studies and Services at the University of Alberta. In Proceedings of Queer Issues in the Study of Education and Culture: A 2009 Canadian Society for the Study of Education (CSSE) Pre-Conference (Carleton University, Ottawa, May 22, 2009): 6-9.

・Health Policy Project, Asia Pacific Transgender Network, United Nations Development Programme: Blueprint for the Provision of Comprehensive Care for Trans People and Trans Communities. Washington, DC: Futures Group, Health Policy Project, 2015.

・Killermann, S. (2015). Genderbread Person v3.3 http://itspronouncedmetrosexual.com/wp-content/uploads/2015/03/Genderbread-Person-3.3-HI-RES.pdf

・Lennerhed, L. (2014) “Sexual Liberalism in Sweden” in Hekma, G. and Giami, A. (eds.) Sexual Revolutions (Gender and Sexualities in History). Palgrave Macmillan: 25-45.

・OHCHR, UN Women, UNAIDS, UNDP, UNFPA, UNICEF and WHO. (2014) Eliminating forced, coercive and otherwise in- voluntary sterilization: An inter- agency statement. World Health Organization: May 30 2014.

・PAHO／WHO／WAS (2000). Promotion of Sexual Health: Recommendations for Action. 松本清一・宮原忍監修『セクシュアル・ヘルスの推進：行動のための提言』日本性教育協会、2003.

・WPATH (2015) WPATH Statement on Identity Recognition, 19 January 2015. Retrieved from http://www.wpath.org

【解題】
ＬＧＢＴをめぐる孤立

ボランタリズム研究所 運営委員
永井美佳

ＬＧＢＴは人口の５～８％と言われており、２０人以上いれば、その中に１人は存在するほどの比率である。ＬＧＢＴなど多様な性を生きる人が、自分は当事者であるとカミングアウトすることは少なく、“性のありよう”は目に見えるものではないため、“見えない”から“いない”とされやすい現状がある。学校、職場、地域などどのような場所でも、多様な性を生きる人が一緒に生活をしているということをふまえて、本章では、「ＬＧＢＴをめぐる孤立」に焦点をあて、問題点の抽出と課題の解決に向けた提言を２人から寄稿いただいた。

まず、実践者の立場として、特定非営利活動法人 Queer&Women's Resource Center（通称 QWRC）共同代表・理事の近藤由香（コジ）さんは、自身が抱えた中学校生活のルールへの違和感、初恋という“事件”と親友の喪失、孤独、絶望、死を意識したことについて語る。コジさんの事態を好転させたのは、新宿２丁目で会った自分以外のレズビアンの存在だった。大阪に戻って参加したレズビアン＆ゲイ映画祭に、多くの人が集まっていることに勇気づけられたことを機に、女性同士の出会い系サイトで初めてＬＧＢＴの友人ができる。仲間との出会いや活動のつながりを通して、ＱＷＲＣの活動と出合う。コジさんをはじめとする当事者の悲しく過酷な体験が、ＱＷＲＣの多彩な事業を生み出しており、当事者を孤立させない取り組みとなっている。コジさんは、自身の孤立した体験を例としつつ、ＬＧＢＴなど多様な性を生きる人は、一生のどこかで孤立したり、孤独感を感じたりしているのではないかと指摘する。その孤立を防ぐために、学生時代にセクシュアリティを学べる機会や安心して相談できる体制づくり、またセクシャリティに理解のあるカウンセラーや医師へのアクセスをしやすくすること、そして身近な人間関係にある人の理解などを提言している。

次に、研究者の立場として、大阪府立大学教育福祉学類／大学院人間社会システム科学研究科教授の東優子さんは、性的マイノリティやＬＧＢＴ、ＳＯＧＩなどの用語の定義や概念を整理したうえで、性の多様性と健康と権利について、国際的な潮流と国内での理解促進や支援対策の現状を解説。次に、ＬＧＢＴのＬＧ（同性愛者）やＢ（両性愛者）に比べて、Ｔ（トランスジェンダー）の社会的認知度が低い点を指摘。特に、当事者のプライドと尊厳が込められたトランスジェンダーと、精神疾患の診断名であり病理概念である性同一性障害とは異なる概念であるが、日本では、性同一性障害という疾患概念を中心に社会的認知が得られて、支援システムが構築されており、諸外国とは異なる特有の背景があることを解説。また「正しい知識と理解」とされていることを疑う目をもつこと、性同一性障害特例法をめぐる人権問題やトイレ・更衣室問題についても問題提起をしている。

「ＬＧＢＴをめぐる孤立」を考えるとき、そもそも“性のありよう”は実に多様で複雑なものであることを前提とし、それぞれに個性的でセクシャリティは十人十色であることをふまえなければならない。自分の考える“性のありよう”が正しいと思い込むのではなく、一人ひとりに“性のありよう”があるということを起点にすることが孤立を防ぐ鍵となることを、本章では気付かせてくれる。

第５章

児童虐待をめぐる孤立

児童虐待の孤立・再発防止支援への挑戦

特定非営利活動法人チャイルド・リソース・センター
代表理事　宮口智恵

【キーワード】●ＮＰＯ　●親子関係再構築　●児童相談　●アタッチメント　●アドボケイト

1．はじめに

児童虐待は年々増加の一途をたどり、児童相談所の虐待対応件数は年間 10 万件を超えている。児童虐待による社会的な損失は年間 1.6 兆円という試算もあるように、非常に深刻な社会課題である。大阪はその社会課題である児童虐待の件数が日本で一番多い地域で、緊急の対応を迫られている。

しかし、児童相談所など行政機関は、頻発する虐待の初期対応に追われ、親への警告や指導、そして、子どもを家庭から分離し、施設や里親での養育を行うことが支援の中心となっている。だが、子どもを保護し、虐待をした親を処罰し、排除するだけではこの問題は終わらない。また、乳児院の約5割の子どもが施設を退所後、家庭復帰をしているという調査結果があるが、家庭復帰後に、再び虐待されることも少なくない。

このような社会課題である児童虐待の防止を目指して様々な子育て支援施策が打ち出され、行政のみならず多くの非営利団体によっても精力的に虐待防止支援が行われているが、児童虐待の“再発”防止を支援する団体は極めて少ない。特定非営利活動法人チャイルド・リソース・センター（以下ＣＲＣ）は、児童虐待の再発防止、親子関係の再構築支援を目的として活動している。

ＣＲＣは児童虐待の再発防止プログラム「ＣＲＣ親子プログラム ふぁり」を開発し、児童相談所と協働し、プログラムを提供して 12 年目を迎える。ここでは虐待再発防止の支援がなぜ必要なのか、また、民間団体が実践する意味と課題について紹介したい。

2．なぜ、民間団体（ＣＲＣ）が児童虐待の再発防止支援を行う必要があるのか

（1）虐待再発防止／親子関係再構築支援とは

①　児童相談所での支援の限界

ＣＲＣの活動を始める前に筆者は児童相談所の児童福祉司であった。在職中、子どもを守るために、強権的に家庭から安全な場所に保護した子どもの親から「子どもを返してほしい！」と言われ、また、子どもからも「家に帰りたい」と訴えられることが度々あった。

しかし、十数年前の児童相談所で、子どもを虐待する親への支援は容易ではなかった。容易ではない理由の一つは、親のニーズとは関係なく介入し、子どもを保護し、処遇を決める強権的なその役割にある。はたして、今後の処遇を決める機関の人を相手に、親は本音を話せるだろうか。児童相談所のこういった介入的支援は、右手で握手、左手でぶつと例えられる。

二つめの理由は、虐待再発防止／親子関係再構築に特化した専門的な支援体制が用意できなかったことである。親子への支援を行うためには、一定の専門的理論や技術の習熟が不可欠である。しかし、子どもの安全が最優先となる児童相談所では、定期的な面接さえ十分に行う余裕がなく、虐待再発防止／親子関係再構築支援を求める親子のニーズに応え、専門的な支援を提供することが困難であった。

②　カナダの民間団体による支援

児童相談所での支援に限界を感じていた時、筆者はカナダにおける児童虐待の再発防止支援の取り組み

（酒井 2003）を知る。カナダでは、子どもに関する国家的指針（National Children's Agenda）を策定しており、この指針では、各種の研究により、乳幼児期を充実したものとして過ごせるかどうかが、その個人がよりよく生きるための決定因子となることが明らかである、と示されていた。この指針を基に「子どもを支える家族の成長発達を支援する」という目的のもと行政と民間団体や地域との連携で、家族の成長発達を支援するシステムが構築されていた。カナダ全土で、児童虐待再発防止／親子関係再構築を目指す種々の支援プログラムが、非営利団体によって提供され、行政と協働で親子への支援が行われていた。「スタッフと親子との関係性をベースに親子に直接働きかける支援」を行うある非営利団体の実践が、当時児童相談所で出会う親たち（養育モデルを持たない、孤立した親たち）にとって最適だと筆者は考え、それを参考に、大阪での児童虐待再発防止／親子関係再構築プログラムを開発する。時期を同じくし、児童福祉法改正により保護者支援が明記され、保護者支援についての行政からのニーズもあり、試行的な実施を経て、児童相談所との協働で児童虐待再発防止／親子関係再構築支援が可能となった。

【図1】ＮＰＯだからできること

NPOだからできることは・・・

＊課題を発見　⇒解決に向けてアクション　・・・先駆性
＊親や子どもの生の声を聴くことができる　・・・非権力性
＊本当のニーズをキャッチし、発信する　・・・代弁性
＊問題解決にむけてのアプローチ　・・・専門性
＊ニーズに対してできることを模索や実践へ　・・・柔軟性・即応性
＊担当者の変更がない、必要なフォローアップ　・・・継続性

出所：筆者作成

（2）虐待をする親とは

ＣＲＣ親子プログラムふぁりに参加する親の約９割は、虐待や不適切な養育を受けた経験がある。

①　親たちの声から

「子どもに欲求があるとは知らなかった。自分の親は常に命令と指示だけだった。」
「幼児期から親がずっと不在で、自分で自分の食べるものを確保していた。」
「父が帰ってくると母が別人になった。いつも父に母が殴られていた。自分たちも静かにしていた。」
「何あると、すぐに木刀で叩かれていた。学校が落ち着く場所だった。」

これらはＣＲＣ親子プログラムで出会った親たちの声である。どの親も保護され、寄り添ってもらうべき自分の親から疎外され、支えてもらえなかった経験を持つ。「自分が子どもの時には誰も助けてくれなかった！」と語る親も少なくない。また、自分が虐待をされて育ったから子どもには絶対手を挙げたくなかったのに、気が付くと同様の結果になってしまったという親もいる。

虐待する親たちは、実は子どもに脅えている。これは“子ども”という存在そのものが、自分自身の未解決な過去を想起させるからだといわれている。子どもの泣き声を欲求とは思わずに、自分への嫌がらせと感じ、それに対し激昂したり、あるいは全く見ないで無視をする。そして、これらの行為は自覚なく繰り返される。このような親たちに、養育に関するスキルや知識を提供しただけでは、問題の本質は変わらない。

②　親の背景を考える

虐待する親には「多くのストレスを持っている」「人とつながっていない」「適切な養育モデルを持たない」という共通点がある。また、親自身の育ちの影響や子どもに関する認知のゆがみ、発達上の課題や疾病を抱えている場合もある。私たちは出会う親を理解するときに、虐待をする親＝困難を抱える親として捉え、その困難さを理解することから始めている。親の背景を想像し、親がどのような世界に生きているかを想像する。

③　支援につながらない、支援を求めない親

「一人で抱えすぎないで！相談してください。」親子を支援する人たちは、この声かけをよく行う。さまざまな場所でこのキャッチフレーズを目にする。しかし、虐待をしてしまった親たちにこの言葉は届いていない。「言ったところで、何になるの？」と。誰かに助けを求め、適切な支援を受けることは、社会的孤立にある人たちにとっては非常に難度の高い行為である。

（Ａさんの場合）

Ａさんは疾病を抱えＢちゃんを出産するが、近隣に友人がおらず、頼れるはずの自分の親は、関わるとＡさんの子育てを否定するので頼れない。夫の帰宅は遅く、収入は不安定。Ｂちゃんと二人きりで家にいるのがつらくて、近隣のショッピングモールを母子で徘徊する日々が続いていた。子どもが排泄を失敗したり、大声で泣くと、わざとしているように思え、自分がされてきたように手を挙げることが増えていった。親のようにはなりたくないと思っていたのに、気が付くと同じことをしていた。病院に行くこともできず、自分の状態については夫にも言えないままであった。Ａさん親子の場合は、近隣住民からの通告により児童相談所が介入し、支援につながった。

（３）虐待再発防止／親子関係再構築支援を

自ら助けを求めず、社会から孤立している親を支援するのは容易ではない。その中で強制的な児童相談所の介入により、支援が始まることは、親子にとって、今後の親子関係再構築のチャンスであり、児童虐待再発防止支援の始まりなのである。

子育て支援センターでの様々な講座や教室、また子育てサロンのような“場”の提供など、ニーズのある子育て層に対しての行政や民間団体の支援は、年々手厚くなっている。もちろんそういった支援が、児童虐待の予防的役割を担っている。しかし、虐待行為を行っている＝ニーズを表出できない層（レッドゾーン）への支援は薄い。この層への支援が被虐待児の健全な成長発達にダイレクトに影響してくることが日本では実はほとんど知られていない。

「自分はいったい何に困っているのか」「自分自身の状態はどうなのか」等の声を挙げられない人たちの本当のニーズである、「ひとりでは無理」「子どもも自分も傷つけたくない」を引き出していくためには、一定期間の介入的支援が必要である。この一定期間の支援は、前述した理由により児童相談所だけでは難しい。ＣＲＣはこの層への支援を目指している。

これらの理由により、民間団体（ＣＲＣ）が虐待再発防止／親子関係再構築支援を行う必要があると考えている。

３．ＣＲＣ親子プログラムふぁり

（１）ＣＲＣ親子プログラムふぁりの概要

ＣＲＣは虐待行為を行っている＝ニーズを表出できない層（レッドゾーン）に対し、児童虐待再発防止を目的として「ＣＲＣ親子プログラム ふぁり」を開発した。このプログラムは、特に親子の関係性に焦点をあて、心理教育の専門理論とソーシャルワークの技法を組み合わせ、親が子どもを受けとめ、虐待を止めることを目指している。プログラムの対象者は虐待をしてしまった親とその子どもであり、参加する子どもの約８割は施設入所中である。「親が再び子どもを傷つけることがなく、子どもが、自分が生まれてきてよかったと思えること」を目指している。

１回２時間、２週間に１回（全13回）を親子一組ごとに、約７~８ヶ月間かけて実施する。大阪府と堺市の事業委託を受け、児童相談所や施設と協働して行う。親が担当スタッフとともに子育てや自分自身について振り返り、問題の解決を探る「親時間」、スタッフの助けを得て親子で過ごし、親子の関係性を再構築していく「親子交流時間」で構成している。親子交流時間を撮影したビデオを親と見ながら親子の関係性への支援を行うなど、一組ずつの親子に丁寧に関わり、他のグループプログラムへの参加が難しい親子も参加が可能となっている。

バイオグラフィー、アタッチメント、ソーシャルワークの３つの視点によるアプローチを行い、スタッフは親子と過ごす親子交流時間の「共有体験」と 、テーマについて一緒に考える親時間 での「対話」を通して親が子どもを支えられるように伴走する。

（2）ＣＲＣ親子プログラムふぁりの意義

ＣＲＣがプログラムを提供できる親子の数は限られている。また、このプログラムが提供したすべての親子が、すぐに家庭で一緒に生活できるわけではない。その上で、親や児童相談所、施設からこれまでに寄せられたフィードバックをもとに、プログラムの意義を考えたい。

【図２】プログラムの構造

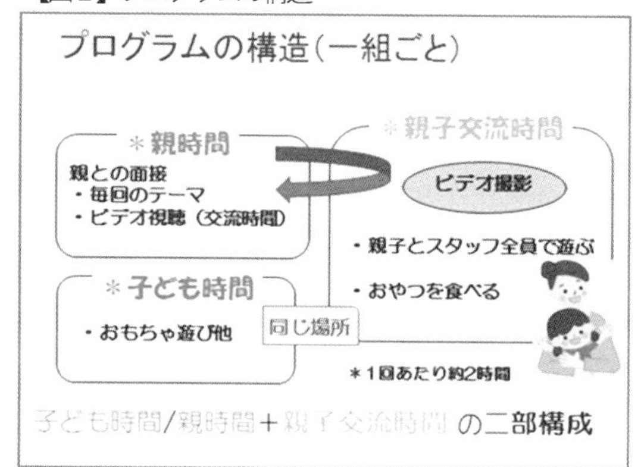

出所：筆者作成

【図３】ＣＲＣ親子プログラム３つの視点

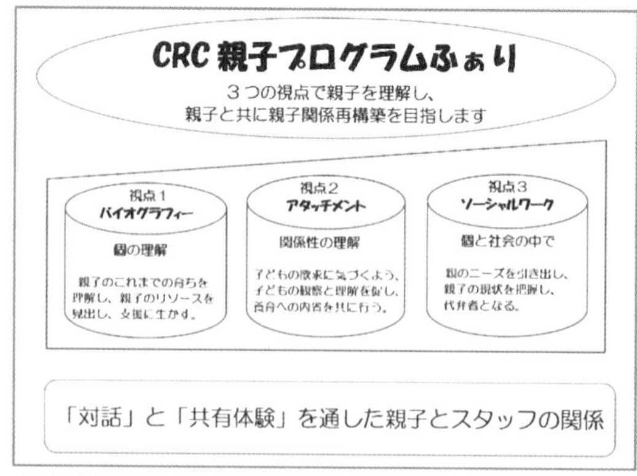

出所：筆者作成

①　集中的な支援で得られる体験の共有

定期的に同じ人に会って、親子で一緒に遊び、飲食を共にする体験、自分を見つめ直す対話の時間は、参加する親にとっては初めての体験となる。そして、回を重ねるうちに誰にもおびやかされない人間関係を経験していく。また何日までと有限であるために、頑張って参加し、修了式を迎え、達成感を得る。渡された修了書を見て、「学校の卒業証書もちゃんともらってない。だから、照れくさいけど嬉しい」と語る親が何人かいた。

スタッフもこの有限の時間の中で、「いったい、この親子に何があったのか？」「子どもは、親は、何を求めているのか？」と必死に探る。また、“虐待”という行為について、親が内省できるのはプログラム期間の終盤であり、そこに至るためには、親とスタッフがどれだけ率直に対話ができるようになるかが大きな鍵である。

②　支援のためのアセスメントを行い、支援者間で共有化する

プログラムを通して、親の気持ちや実状を代弁し、そして、親子の状況を児童相談所や施設にも伝える。プログラムの最終回には児童相談所の職員の同席を得て、親とプログラムを振り返る。児童相談所や施設の職員に対するアンケートでは、プログラムを通じ、虐待する親の心象や背景をより深く理解することが可能となり、また、親に対する子どもの心象や心的状態がわかりやすくなり、その後の親子への支援に手掛かりを得ているという記述が多い。

児童相談所の職員も施設職員も激務に追われ余裕がない日々である。そのような時にこそ、一組の親子について支援者同士で対話をし、共に考えることで、いわゆる“困難ケース”と評されていた親子が、そうではなく、「○○ということだったのとか」と気付くことがある。プログラムという機会を活用し「この子にとってより良い親子関係とは？」と原点に立ち戻って支援者間で共有する機会は、親子の本当のニーズやリソースを発見する大切なチャンスである。一組ずつであるが、その蓄積を感じている。

【図4】プログラムで何をしているのか

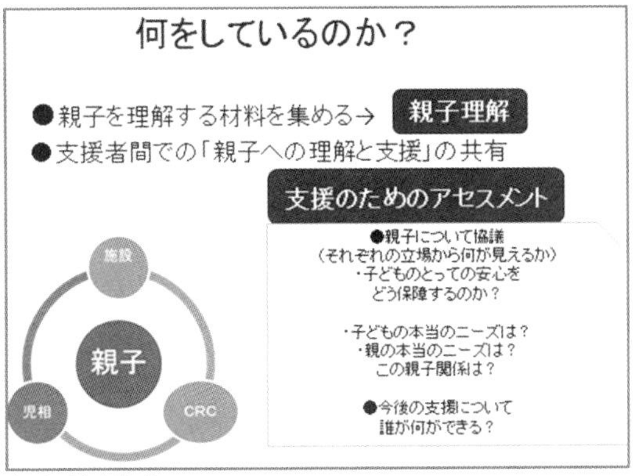

何をしているのか？
●親子を理解する材料を集める→ 親子理解
●支援者間での「親子への理解と支援」の共有
支援のためのアセスメント
●親子について協議
（それぞれの立場から何が見えるか）
・子どものとっての安心を
どう保障するのか？
・子どもの本当のニーズは？
・親の本当のニーズは？
この親子関係は？
●今後の支援について
誰が何ができる？
施設
親子
児相
CRC

出所：筆者作成

③　親子の代弁（アドボケイト）

プログラムを提供するＣＲＣは、民間団体の大事な役割である代弁（アドボケイト）機能を担う。それは子ども、親、双方の代弁（アドボケイト）である。

先述したように、親は処遇を握る児童相談所には本音を言えない。ある親は心身の不調があると子どもを取り戻せない、と病院の受診もせずにいた。また、本当は自信がないのに、「返せ」と言わないと親としてあるべき姿ではないと感じ、言い続ける親もあった。これらの親の状態や考えについて、親の同意を得て児童相談所に伝える。

言葉で意思を表現できない乳幼児の場合、親が児童相談所の指導に従い、家庭の生活環境等の調整が行われると、家庭引き取りの話が進む。また、幼児や小学生に「家に帰りたい？家に帰りたくない？」という風に聞くだけでは意味がない。子どもにとって安心安全の環境はあるのか？アタッチメント（愛着）対象は保障されているのか？アタッチメント（愛着）対象をいかに繋いでいくのか？という視点を支援者間で（そして親も）共有していくことが理想であるが、それには遠い現実がある。

そのような状況で、親子と過ごす共有体験のあるＣＲＣが、子どもの欲求について代弁していくことが、子どものパーマネンシーにつながると考える。「子どもの視点に立って親子関係の再構築を考える」という共通のゴールを掲げることで、乳幼児であってもその声なき声を皆で聞く機会を作り出せる。

また、親子の代弁（アドボケイト）とは異なるが、児童相談所の通訳（代弁）のような役割をとることもある。児童相談所に対して、聞く耳を持てず、親が被害的になったり、歪んだ解釈をしていることがある。それについて「担当の○○さんは、△△の目的で、子どもさんとあなたの安全を考えて動いていたよ」という、第三者であるＣＲＣからの話は、親にとって受け取りやすい。プログラム終盤になり、ある親は自分の意に反して子どもを保護した児童相談所に対し「あのままだったら、子どもを殺していたかもしれない。それを助けてくれた」「何かあったら、また児童相談所に子どもを預けたい」と語る。

（3）新たな支援の創出へ

プログラムを提供するという活動を継続していく中で、支援や人とのつながりがぶつ切れだと感じ、つながりを希求する親たちの声も届き、支援の連続性の課題が浮かび上がってきた。そこで、数年前より行政の事業委託とは別に、ＣＲＣ独自でプログラム修了者に対しフォローアップの場を作っている。また、同時に児童相談所や施設の職員など社会的養護にある子どもの支援者に向けて、学びの機会を作っている。

①　フォローアップの場「ほっと・いっぷくの会」

当プログラムに参加する親は元々社会的に孤立していた人が多く、プログラム参加中は担当スタッフと安心感を持ってつながっていても、プログラム修了後は子育てについて話せる人や場とつながり続けることが難しい。孤立こそが児童虐待の大きな促進要因の一つである。ＣＲＣでは、つながり続けること、新しいつながりを自ら生み出すことが難しい親子にも安心して過ごせる場を継続して提供するため、プログラムの修了者を対象に半年に１回「ほっと・いっぷくの会」と名付けた場を開催している。そこでは、親子が参加しやすいように集合時間を決めずに終日会場でスタッフは待機し、参加費は無料とし、お土産を渡すなど経済的に苦しい親子でも参加をためらうことのないよう配慮している。「施設に預けている（預けていた）子どもについて、誰とも話すことができない」と訴える親たちの灯台（ふぁり）となるべく行っている。

（親の声）

フォローアップっていうの？あの半年に１回の会があるのがすごいって思う。だいたいプログラムって、終わったらそれでおしまいじゃないですか。

それが、ＣＲＣはずっとフォローアップ（ほっと・いっぷくの会）をしているのがすごいなと思う。この前のフォローアップの（お知らせの）手紙、あれすごいタイミングで来たなと思った。しんどいときで…。あれがあったから、フォローアップの日まで頑張れたと思う。誰かが自分のことを気にかけてくれているって…それがすごいよかった。

②　支援者の学びの場

近年、プログラムの実施のみならず、「支援者の学びの場」を共有することが親子への継続支援につながると考えている。プログラムだけの支援では限界を感じるからでもある。親子を支援する際に、親子の状態像を理解するためには、より専門的な学びが不可欠であり、学びがあることで支援者同士が共通の目標を持ちやすい。そのため、アタッチメント等心理教育に関する研修会を開催したり、出前研修として施設に出向いている。

筆者が児童福祉司だった時に、母から虐待を受けていたＣちゃんを保護した。そして、Ｃちゃんはさまざまなやりとりの末、施設入所となった。母とはなかなか話がかみ合わず、やりとりが難しく、母のＣちゃんへの言動を聞くうちに、怒りがこみ上げてきたこともあった。ひどい母から子どもを守りたいと思い、支援をしていた。しばらくして、母がＣちゃんと距離をおき、連絡も途絶えがちになったことにほっとしたことを覚えている。そして、十余年の月日が流れ、そのＣちゃんが今度は母となって、ＣＲＣ親子プログラムふぁりを受ける親として現れたのである。

Ｃちゃんは親になった今でも自分の母親との関係を求めていた。あの時に母との関係を遠ざけたのは、まぎれもない筆者である。自身の専門性の低さでもある。Ｃちゃんは親子関係の整理もされないまま、置き去りにされていたのだ。そして、問題は子どもが親になった時に露呈したのである。

専門家としての支援者は、子どもと親、それぞれの本当のニーズをつかみ、子どもの人生を考える中で、その局面ごとに最善の支援を考えていく。

日々、児童虐待の対応に追われる支援者は、多忙の中で孤軍奮闘し、暴力への「対応」に追われている。その中で支援の本質を見失う時がある。

学びが支援者を専門家（プロ）にし、専門家としての意識を持った人がつながると、それぞれの組織全体、そして業界の底上げがなされる。何より支援に関する共通の旗印を持つことができ、支援のパワーを集めることができる。プログラムで活用した理論や手法をより広め、厳しい状況にいる支援者が孤立しないでいること、それがよりよい支援につながる。支援者の私たちがつながり、安心感を持つことで、親子の安心が保障される。

③　必要性を発信する

児童虐待は孤立が生み出す社会課題である。マスコミでセンセーショナルに取り上げられるのは、虐待行為のみであり、その残虐さである。そういった取り上げられ方は、児童虐待という社会課題を非日常のものにし、人々から遠いものにする。なぜ起こったのか、その子どもたちや家族がその後どう生きていくのか。そこには関心は向けられない。偏った報道により、職場も追われ、自宅に住めなくなり、より孤立を深めている親もいる。

児童虐待再発防止の支援は加害者を支援しているではないか、そもそもすべては自己責任に起因するものだとして、児童虐待の再発防止に税金が使わることに疑問を持つ声もある。

「子どものために家族を支援する」という理念の延長線上に、虐待をする親と子どもへの支援があるが、この活動はまだまだ市民権を得ていない。再発防止のために、やり直そうとしている親を孤立させないための支援を行うこと、親が子どもを支えられるよう支援を行うことが不可欠であるとどのような方法で発信していくのか、難題である。

４．おわりに　～民間団体の支援と課題～

（親の声）

ＣＲＣって言葉よりも灯台ってイメージの方が、ぱっと浮かぶ。それと一緒にあの子の楽しそうな顔も。灯台は、そこにあるっていう。必ず戻ってくるって、そんな感じ。

親子の灯台をなくしてはならない。ＣＲＣとして存在し続けないといけない。

「施設にいた子どもの話をすることがなかなかできない」「自分の子どもの成長の写真を送りたい。一緒に喜んでほしい」これらの親の声に応え続けるのだ。

しかし、プログラム修了者のフォローアップには財政的な支援はなく、団体独自の裁量で行っている。また、プログラムスタッフの人材育成には長時間を要し、専門的なブラッシュアップも常に必要とされるが、その財源はない。プログラムにかかる本来の人件費を試算すると、行政からの委託費の3倍近いに費用になる。日々、活動はスタッフのボランタリーな働きに依存していて、その専門性や持続可能性を考えると見逃されない状態である。このような手間がかかる支援に正当なコストをかけるべきという意識を、社会全体に持ってほしい。しかし、望むだけでは現実は変わらない。また、児童福祉分野の民間団体（ＮＰＯ）はそれぞれに孤立する子どもや家族への支援活動を行っているが、どの団体も人材、財源、すべてに余裕がなく、横のつながりは薄い。共通の課題を持ちつつ、それをまとめて政策等への提言もできずにいる。これらをつなぎ、エンパワーを担う中間支援団体の力強さも求めている。

児童虐待への支援は、孤立への支援そのものであり、それは点ではなく、プロセスでの支援である。私たちは「親子の灯台」を終わらせていけないと考えている。そのために専門機関としての地位を確立し、児童虐待再発防止支援のノウハウを少しでも次世代、関連分野、地域に伝達する仕組みを作ることを目指したい。そして、何より「まず一組の親子の支援を～」今日も丁寧に行うことを忘れてはいけない。

（参考文献）

・宮口智恵、河合克子「虐待する親への支援と家族再統合」明石書店、2015年
・数井みゆき「アタッチメント　生涯にわたる絆」ミネルヴァ書房、2005年
・酒井佐枝子「カナダの子育て支援および子ども虐待予防・再発防止への対策」厚生労働科学研究、2005年
・「平成25年度 全国乳児院入所状況実態調査」（全国乳児福祉協議会）

「つながる地域」「支え合う地域」をめざして
～児童虐待防止の立場から

東京通信大学 人間福祉学部
教授　才村純

児童相談所における虐待相談が急増しているが、その要因として、発見・通告率の上昇と虐待そのものの増加が考えられる。虐待が増加している背景として、乳幼児と関わる経験を持たないまま親になるケースが増加していること、子育て家庭の社会的孤立化が急激に進行していること、これらを背景として育児での不安やイライラ、負担感を感じる親たちが急増していることなどを先行研究を踏まえ考察した。とりわけ、虐待と社会的孤立との関係は密接であり、この問題の解決をめざすには、社会的孤立の解消が重要な課題となる。

一方、子育て不安や子育て負担を感じている親やわが子を虐待する親の多くが、対人不信、主体性や自尊感情・自己決定能力の低下などによって、自ら相談機関を訪ねるなど孤立解消に向けた主体的な行動を起こせない。つまり、孤立によって引き起こされた問題ゆえ益々自己を孤立させるといった悪循環に陥っている。したがって、社会的孤立の解消を図るには、従前の行政による子育て支援サービスのような申請主義ではなく、アウトリーチ型の支援が重要となる。そして、相談動機なき当事者にアプローチし、信頼関係を構築した上で当事者の主体的な問題解決をめざすアウトリーチ型支援では、当事者にとって親しみが感じられ、柔軟できめ細かな支援が期待できる民間活動の役割が極めて重要となる。

本稿では、孤立防止に向けた民間支援活動の例を一部紹介するとともに、孤立解消を図る上での課題として、①つながる社会の形成、②支援者同士のネットワーク、③公民の連携をあげ、それぞれについて考察した。

【キーワード】●児童虐待　●社会的孤立　●アウトリーチ　●子育て支援　●民間活動

１．はじめに

児童相談所における虐待相談がこの四半世紀で100倍以上に増えるなど、子ども虐待問題が深刻化している。子ども虐待は時に死に至ることもあるが、そこまでいかなくても、子どもの心身の成長、発達に極めて深刻な影響を及ぼす重大な権利侵害である。2000（平成12）年に児童虐待の防止等に関する法律（児童虐待防止法）が制定されるとともに、虐待防止のための多くの事業が創設されるなど、制度の充実が図られてきた。また、自治体においても児童相談所の体制強化や市町村窓口の整備をはじめ、要保護児童対策地域協議会の法定化などにより関係機関の連携体制も強化されつつある。これらの取り組みが功を奏してか、虐待に起因した死亡事案の数は年によって増減はありながらも、大まかに見れば減少傾向にあるといってよい[1]。

ただ、わが国の虐待対策は事後対策に力点が置かれてきた。しかし、ここに来て虐待の発生予防に向けた取り組みの重要性が叫ばれるようになり、市町村の子育て支援サービスや母子保健サービスの拡充が図られるようになった。しかし、虐待の発生を予防するには、

[1] 「子ども虐待による死亡事例等の検証結果について」『社会保障審議会児童部会児童虐待等要保護事例の検証に関する専門委員会第13次報告』2017.8

子育て家庭の孤立を防止し、社会的に包摂していくことが重要であり、そのためには、行政による支援だけでは限界があり、地域を挙げた包括的な取り組みが不可欠となる。本稿では、虐待が起きる家庭の社会的背景を先行研究を踏まえて分析するとともに、児童虐待防止の立場から、「つながる地域」「支え合う地域」の実現をめざして、私たち市民一人一人に何ができるのか、何をしなければならないのかについて、いくつかの先駆的な実践例を踏まえ考察することとした。

２．虐待問題の深刻化と孤立

図１は、児童相談所が対応した虐待相談件数の推移である（厚生労働省社会福祉行政業務報告（福祉行政報告例））。2016（平成 28）年度は 122,578 件と、厚生労働省が統計を取り始めた 1990（平成 2）年度の 110 倍以上の激増である。その主な要因は、発見・通告率の上昇と要保護児童を発見するシステムの整備、虐待そのものの増加などが考えられる。

（1）発見・通告率の上昇

発見・通告率の上昇の背景には次のような要因が挙げられる。

・近年、子どもの虐待問題が連日のように取り上げられるなど、虐待問題への関係者や一般市民の理解や関心が高まっており、従前はネグレクトや心理的虐待など、必ずしも虐待として認識されなかったものが虐待として通告されるようになってきたこと。特に、2004（平成 16）年の児童虐待防止法の改正により、面前ＤＶ（子どもの目の前で行われるドメスチック・バイオレンス）が心理的虐待として規定とされて以降、心理的虐待相談の増加が著しくなっている。

・虐待を疑っても他人事として無視されてきたものが、通告意識の高まりに伴い通告されるようになってきたこと。

・要保護児童対策地域協議会の法定化などにより、関係機関の情報共有や連携のシステムが整備されてきたことにより、関係機関から児童相談所や市町村窓口に虐待情報が集約され易くなってきていること。

【図１】児童相談所における虐待対応件数の推移

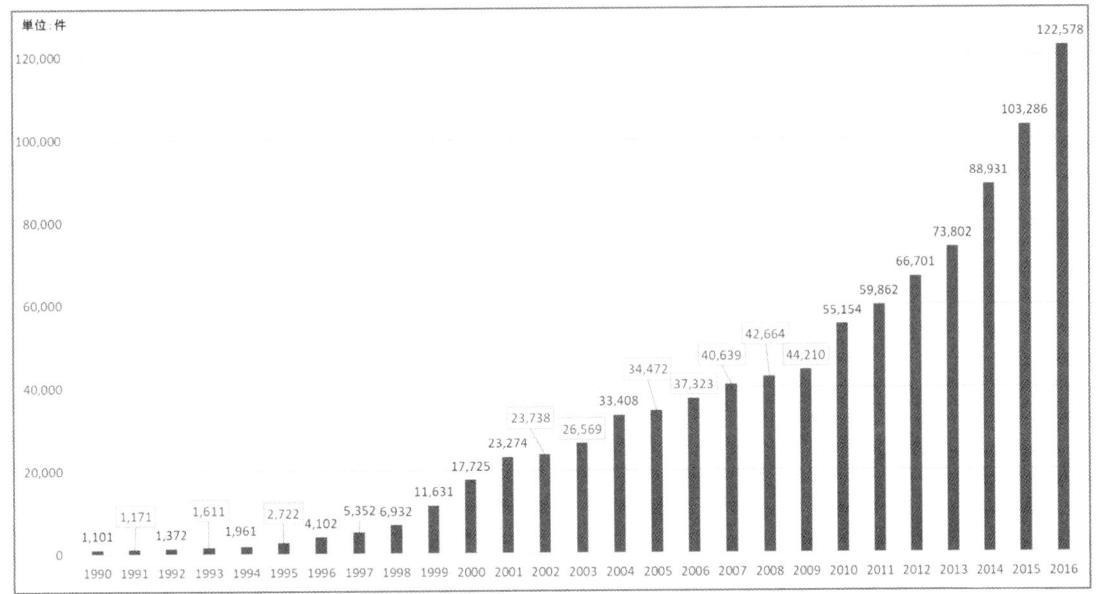

出所：厚生労働省社会福祉行政業務報告（福祉行政報告例）

以上が通告率上昇の主因と考えられるが、これだけであれば、潜在化していた虐待が顕在化し、子どもが救われる機会が増加したことになり、虐待相談の増加を必ずしも否定的にとらえる必要はないと言える。

(2)虐待そのものの増加

一方で、虐待そのものの増加を示唆する研究も多く行われている。原田らは、1980(昭和55)年と2003(平成15)年に、乳幼児健診に来た保護者を対象に子育ての実情や意識に関するアンケート調査を実施し、それぞれの結果を比較している[2]。そして、例えば①乳幼児に関わる経験をまったくもたないまま親になるケースが増加していること、②子育て家庭の社会的孤立化が急速に進んでいること、③①、②を背景として育児での不安やイライラ、負担感を感じる親たちが急増していること、④親子関係が大きく変化し、従来の「体罰」「厳格」「不安」に加えて、「期待」と「干渉」が極端に増加していることなどを明らかにした。

図2は、厚生労働科学研究の研究班が2010(平成22)年に実施した「幼児健康度調査」の結果の一部である[3]。「育児に自信が持てないことがある」と回答した保護者が23%、「子育てを困難に感じることがある」保護者が26%、「子どもを虐待しているのではないかと思うことがある」保護者は10.7%を占めている。

【図2－1】

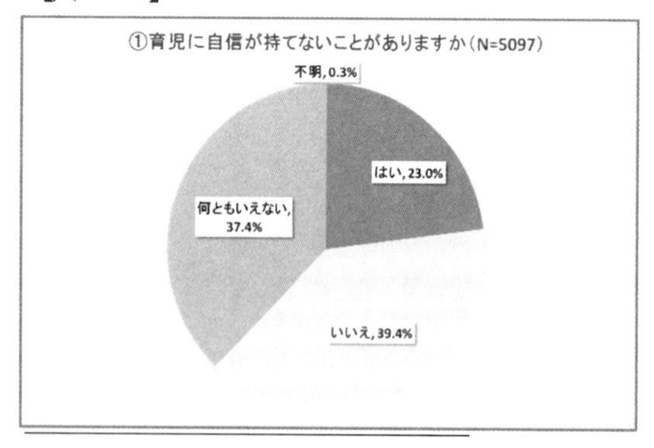

【図2－2】

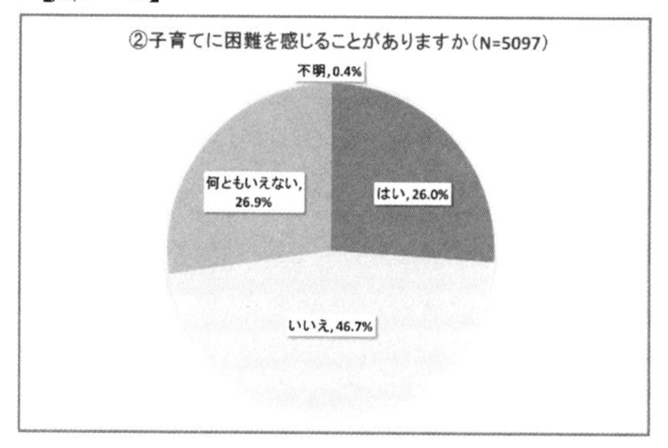

【図2－3】

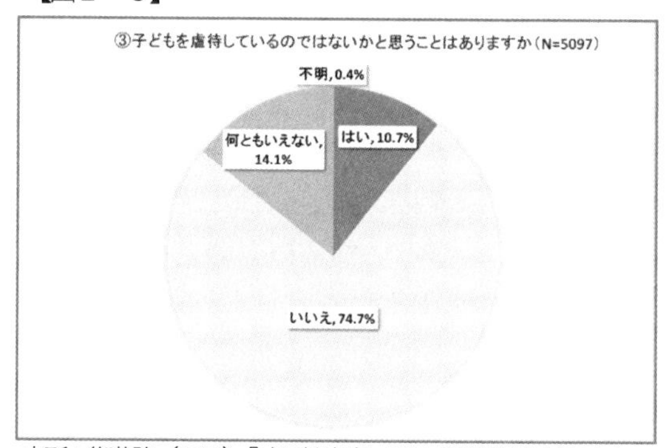

出所:衛藤隆(2011)「幼児健康度に関する継続的比較研究」

以上、2つの調査結果を紹介したが、これらの結果は、子育て環境が厳しさを増す中で子育てに対する不安や困難感を感じる保護者が少なくなく、誰もが一つ間違えば虐待にまで追い詰められてしまいかねない状況に置かれていること、そして、子育て環境が厳しさを増す最大の要因が子育て家庭の社会的孤立であり、虐待を防止するには孤立解消が重要なポイントであることを物語っている。

3. 虐待とは何か

虐待防止のための孤立解消方策について考察する前に、まず「虐待とは何か」について言及しておきたい。

[2] 原田 正文、山野則子他(2004)「児童虐待を未然に防ぐためには、何をすべきか－子育て実態調査『兵庫レポート』が示す虐待予防の方向性」『子どもの虐待とネグレクト』vol6,No.1

[3] 衛藤 隆(2011)「幼児健康度に関する継続的比較研究」『平成22年度厚生労働科学研究費補助金成育疾患克服等次世代育成基盤研究事業』

虐待防止における市民活動のあり方を探るうえで、虐待に対する正しい認識を関係者間で共有しておくことが重要と考えるからである。児童福祉法第１条は、「全て児童は、児童の権利に関する条約の精神にのっとり、適切に養育されること、その生活を保障されること、愛され、保護されること、その心身の健やかな成長及び発達並びにその自立が図られることその他の福祉を等しく保障される権利を有する」と規定している。つまり、保障されるべき子どもの権利が列挙されている。虐待とは、これらの権利を侵害する養育姿勢と言える。

虐待とは何かを議論する際、しつけと虐待との関係がよく問題になる。民法第 820 条は、「親権を行う者は、子の利益のために子の監護及び教育をする権利を有し、義務を負う」と規定している。また、児童虐待防止法第14条第1項は、「児童の親権を行う者は、児童のしつけに際して、民法（略）第 820 条の規定による監護及び教育に必要な範囲を超えて当該児童を懲戒してはならず、当該児童の親権の適切な行使に配慮しなければならない」と規定している。つまり、子どもの監護、教育に必要な範囲を超えた懲戒は親権の適切な行使とは言えず、虐待であることを示唆しているが、問題は、どこからが「必要な範囲を超えた懲戒」に当るのかである。厚生労働省の「子ども虐待対応の手引き」は、虐待か否かは、「保護者の意図の如何によらず、子どもの立場から、子どもの安全と健全な育成が図られているかどうかに着目して判断する」と、子どもの視点の重要性を強調している。これらを総合すれば、たとえ親がわが子によかれと意図して行っているしつけでも、そのことで子どもが心身ともに傷ついたり、萎縮したり、自己肯定感を持てないなど、子どもの心身の健やかな成長・発達が阻害されておれば、それはすでに「必要な範囲を超えた懲戒」であり虐待と言える。

なお、一般的にネグレクトは「養育の拒否・怠慢」と訳されることが多いが、これらの訳はいずれも親の悪意を伺わせるものとなっている。しかし、例えば生活していくためにやむを得ず子どもを家に置いて就労せざるを得ない母子家庭の母がいたとする。この場合、幼い子どもを家に置いて就労するのは「養育の拒否・怠慢」と果して言えるだろうか。それでも、子どもの視点に立てば、このような母親の養育のあり方は、たとえ悪意によるものではなかったとしても、子どもの安全を脅かすものといわざるを得ず、子どもの利益を損ねるものであり、明らかにネグレクトである。

図３は、養育の階層である。一般的に市民が虐待事案に接するのはマスコミであり、マスコミ報道の対象になるのは、図中「最重度」に属する虐待死事案などの極めて重篤なケースである。このため、市民はそのような重篤な虐待のみを「虐待」として認識する傾向がある。しかし、そのようなケースは当然のことながら、全体のごく一部であって、これらよりもはるかに多くのケースが「虐待」とは認識されず通告されていないと考えられる。その結果、子どもは絶望的な状況中で苦しみ続けていることを忘れてはならない。

【図３】養育の階層

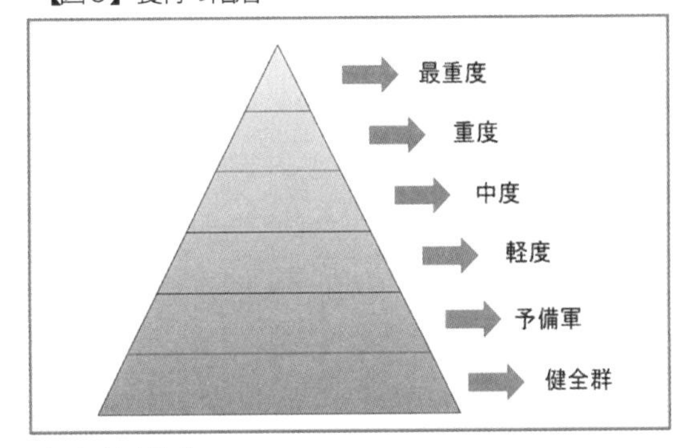

出所：筆者作成

４．孤立防止における公的支援と民間活動の役割

（１）虐待問題と社会的孤立

虐待は種々の困難な要因が複雑に絡んで発生するが、虐待する親のほとんどが親族、地域社会、種々の支援制度などからの孤立状態に置かれている。また、虐待を受けた子どもも多くの場合、誰にも被害を訴えることができず社会的孤立の中で苦しんでいる。さらに、虐待には至っていないが、子育て不安や子育て負担を感じている親の背景にはやはり社会的孤立が存在する

ことが多い。このように虐待問題と孤立は密接な関係にあり、この問題の解決をめざすには、社会的孤立の解消が極めて重要な課題となる。

（2）社会的孤立解消とアウトリーチ型支援

子育て不安や子育て負担を感じている親や虐待を繰り返している親の中には、解決すべき多くの課題を抱えているにもかかわらず、対人不信、主体性や自尊感情、自己決定能力の低下などによって、相談機関や知人に相談するなど問題解決に向けた主体的な行動を起こせない者が少なくない。つまり、孤立によって引き起こされた問題ゆえ益々自己を孤立させるといった悪循環に苦しんでいる。

したがって、社会的孤立を解消するには、従前の行政による子育て支援サービスのような当事者の自発的な意思に基づく申請主義では限界があり、当事者からの願い出がなくても、必要に応じて介入していくアウトリーチ型の支援が必要となる。2008（平成20）年、行政サイドによるアウトリーチ型支援として、乳児家庭全戸訪問事業（こんにちは赤ちゃん事業）や養育支援訪問事業が法定化されたことは画期的である。

乳児家庭全戸訪問事業は、生後4ヶ月までの乳児のいる全ての家庭を、保健師や保育士などが訪問して必要な情報提供や相談支援を行うものである（実施主体は市町村）。また、養育支援訪問事業は、当事者からの願い出がなくても市町村が必要と認めた場合に、保健師や子育て経験者などを派遣し、家事援助や子育ての支援を行うものである。今後このようなアウトリーチ型支援が益々重要となってくるものと思われる。

（3）アウトリーチ型支援における民間活動の役割と支援のポイント

①アウトリーチ型支援における民間活動の役割

制度に基づいて行われる公的支援サービスは、継続的安定的な支援活動が可能である半面、制度に縛られたり、縦割り行政の弊害などから活動が硬直化し易く、ニーズに合わせた柔軟できめ細かな支援が困難になり易い。つまり、サービスの「小回り」が効きにくいという弱点がある。さらに、利用者から見れば、敷居が高く利用しにくいという問題もある。これら公的支援サービスの弱点は、子育てに悩みながらも自ら積極的に救いを求められない親に対応していく上で無視できない問題である。

このような公的支援サービスの限界を埋める形で、種々の民間機関・団体が親や子どもの孤立防止に向けた多彩な活動を展開するようになってきている。これら民間活動は住民にとって身近な存在であり敷居が低く、気軽に利用しやすいという利点がある。また、活動の多くは制度的な拘束が伴わないことから、ニーズに合致した柔軟できめ細かな支援が可能である。これらの利点から、今後一層の活動が期待されるところである。しかし、行政からの財政支援などの制度的裏づけが乏しいところが少なくなく、活動基盤が脆弱で、継続的安定的な支援活動が困難となり易いという弱点がある。

②アウトリーチ型支援のポイント

孤立防止を図るには、前述のとおりアウトリーチ型の支援が必要となるが、支援を必要としている当事者は、アウトリーチに対し警戒的でアウトリーチされたそのこと自体に傷つくなど、極めてデリケートな心理状態にあることが多く、支援に際してはこのことに十分留意する必要がある。また、支援過程においては臨機応変の柔軟な取組みが要求される。さらに、利用者の中には、人間関係を構築することが苦手な人たちも少なくなく、公務員のように支援者が短期間で次々と交代することは望ましくない。このような行政、民間それぞれの利点と限界を考慮すれば、アウトリーチ活動の直接的な担い手は、公的支援サービスの民間委託も含めて民間活動に委ねるのが望ましく、民間活動の限界である長期的・安定的運営が可能となるよう行政が財政的・技術的に支援する図式を構築すべきである。その際、民間活動の自主性、主体性を損なわないように留意することが重要である。

（4）孤立防止に向けた民間支援活動の例

①子どもわいわいネットワーク茨木

孤立しがちな親のための多彩な支援活動が民間団体によって展開されているが、大阪府茨木市で活動する「子どもわいわいネットワーク茨木」はその草分け的存在といえる。地元の民生委員・児童委員や児童養護施設の施設長などによって構成される「子どもわいわいネットワーク茨木」は、孤立しがちな親が積極的に集い、リフレッシュできるよう、料理教室や餅つき大会、クリスマス会など親子にとって魅力的なイベントを次々と企画している。イベントの案内についても、ただチラシをメールポストに投函するのではなく、親と対面し双方向の会話を通じてイベントに参加するよう働きかけている。つまり支援者と親との「顔の見える関係」を大切にしている。さらに、特徴的なのは、イベントによって親子分離を行っていることである。例えば料理教室では、料理を学ぶ時だけでも親の立場から解放され、一人の人間に戻ってリフレッシュしてもらおうと、子どもたちには別室で保育が行なわれる。料理が完成すると子どもたちはわれ先にそれぞれの親の元に走っていくが、日頃は家事や育児に追われてわが子への愛情を感じる余裕さえなくしている親にとって、わが子への愛しさを噛みしめる機会にもなっている。

②母親による母親のための支援活動（彩の子ネットワーク）

「特定非営利活動法人彩の子（さいのこ）ネットワーク」は、「互いを支え合う地域社会のネットワークづくり」を目的に、埼玉県上尾市を拠点として多彩な活動を展開しているＮＰＯ法人であるが、活動の最大の特徴は「母親による母親のための支援」にある。すなわち、現役の母親たちが自ら支援活動を企画、実施している。主な活動内容は次のとおりである。

・子育て講座・保育ボランティア養成講座等の企画運営、講師派遣

・母親による子育て体験の発表

・「横並び型アクションリサーチ」の方法によるアンケート調査

・親の孤立を防止するための「子育てサロン」「赤ちゃんサロン」等の運営（さいたま市委託事業）

・学生保育ボランティア体験事業・高校中学と協働研究授業

・ニュースレター発行

子育て支援といえば、外部からの支援の構図が一般的であるが、彩の子ネットワークの活動は、当事者同士の同じ目線での共感的で、きめの細かい支え合いを通じて親の孤立を防いでいる。

③父親への支援

父親を支援する取り組みも始まっている。「特定非営利活動法人ハンズオン！埼玉」が主催する「おとうさんのヤキイモタイム」は、2005 年にスタートした父親の子育てを応援するキャンペーンである。これは、父親たちが子連れで集まり、焚き火で焼きいもを作り、みんなで一緒に食べるというイベントである。父親の場合、休日などに子どもを連れて公園に行っても、日頃の面識がないため父親同士の交流が進まないことに着目した取り組みである。いろいろと工夫しながら焼きいもを作ることにより、自然と交流が始まり、これが日常的な関わり合いのきっかけとなるのである。

また、埼玉県新座市で活動する「特定非営利活動法人新座（にいざ）子育てネットワーク」では、カナダで展開されている父親支援プロジェクトの実践団体などとのネットワークのもとに、父親支援に関する調査研究や父親のための研修プログラム「お父さん応援プログラム」に基づく実践活動などを重ねている。

④ヘルシースタートプログラム

ヘルシースタートプログラムは、アメリカの市民団体が始めた虐待予防のための家庭訪問による子育て支援プログラムである。わが国では、2014 年より「ＬＬＣみらい ohana グループ」の名で活動を開始した（代表は山田裕子氏）。ＬＬＣみらい ohana グループは、身近に子育てを支えてくれる人たちを持たない児童養護施設の卒園者らに対し、出産前・直後から家庭訪問に

より支援を行う活動を展開している。子どもの非行や虐待の世代間連鎖を防止するには、乳幼児期における愛着関係の形成に向けた支援が不可欠となるが、様々な事情から支援を受けることができない人たちがいる現実を踏まえ、乳児の誕生前後から家庭に入り親を支援し、家族の健康な出発（ヘルシースタート）を支援することで、虐待を予防し、その連鎖を断ち切るべく活動を行っている。具体的には、訓練を受けた家庭訪問員が週1回1時間程度家庭を訪問し、親の強みに着目した寄り添い型の支援を行っている。例えば、愛着の結び方について、目と目を合わせて話しかけることや、赤ちゃんが泣いたら応えて授乳したり、おむつを替えたり、あやしてあげることの大切さを伝え、親がうまく実践できればほめるなどの支援を行っている。支援期間は最低６ヶ月、難しいケースでは３年から５年となっている。問題が顕在化してから介入すると、親の方も警戒的になるが、出産・育児の不安と期待を持っている出産前から出会って一緒に準備することにより、産後の支援がスムーズに行えることがポイントとなっている。なお、2016 年 10 月には、「特定非営利法人活動法人 O'hana 親と子の絆を育むお手伝い」が設立され、訪問支援など主な活動は同法人が引き継いで実施している。

⑤学校の中の「ほっと相談員」

児童委員や主任児童委員も親や子どもの孤立防止のために創意工夫を凝らしながら活動を展開している。例えば、富山市藤ノ木地区の民生委員児童委員協議会では、中学校と連携し、昼休みの時間帯に地域の児童委員、主任児童委員が「ほっと相談員」として学校のカウンセリングルームで待機、子どもたちは相談員とゲームをしたり、愚痴を聞いてもらったりとリラックスして過ごしている。スクールカウンセラーのアドバイスを得ながら、子どもたちにとって「気の許せる場所、本音が出せる場所、気分転換になる場所」づくりに努めている。

⑥健診会場での「くつろぎひろば」の開設

兵庫県三田市の民生委員児童委員協議会では、市の実施する４ヶ月児健診会場の一角で「くつろぎひろば」を開設し、赤ちゃんを持つ親と知り合い、育児の相談やサポート活動を行っている。健診を終えてほっとしているところに、主任児童委員が「おつかれさまでした。少し休んでいきませんか」と声をかけ、どのように育児を行っているのか、育児を手伝ってくれる人はいるのかなど、名前を聞かないようにして話を聞き、主任児童委員の名簿とリーフレットを手渡すなど、顔の見える関係づくりに努めている。また、親子と主任児童委員が知り合うだけではなく、親同士が知り合う場にもなっていることは注目すべきである。

以上、先駆的な民間活動のほんの数例を紹介した。運営主体としては、任意の有志によるものから組織化されたＮＰＯまで、また、活動の位置づけとしては、法制度に依拠しないボランタリーなものから自治体の事業委託によるものまで、さらに財源も手弁当的なものから公的な補助金や委託料で賄われているものまで、多種多様である（⑤、⑥の事例は厚生労働省雇用均等・児童家庭局育成環境課（2009）「児童委員・主任児童委員活動事例」を参考に筆者がまとめた）。

５．孤立解消を図る上での課題

（1）つながる社会の形成に向けて

虐待問題の深刻化の背景には子育て家庭の孤立があり、今や誰もが虐待の加害者になる危険性を秘めていることは冒頭に述べたとおりである。しかし、虐待する親に対しては、一般的には「鬼のような親」とのレッテルが貼られ、「自分たちとは無関係の特別な人たち」で済まされることが多い。つまり、虐待問題も子育て問題も人々の頭の中で素通りしてしまい、切実にとらえることはない。「われわれは、一般によく知られているような社会問題に対しては関心を示しても、自分とは別次元の、あるいは遠いところでの出来事と感じている」（三本松政之（2008））[4]。現代社会にあって格差や貧困、分断と排除が拡大しつつあるが、ここにも分断と社会的排除の図式が見られる。そして、これら分断と排除が一層親を孤立させてしまっている。

厚生労働省社会援護局長のもとに2007年に設置された「これからの地域福祉のあり方に関する研究会」の趣旨は、「地域社会で支援を求めている者に住民が気づき、住民相互で支援活動を行う等の地域住民のつながりを再構築し、支え合う体制を実現するため」とされている。上に紹介した民間活動の例は、いずれも子育て家庭の孤立やその先にある虐待の渦中にある当事者の声に住民たちが気づき、これらの声をわが事として切実に受け止め、それぞれの生の営みに思いを馳せ、寄り添いながらの草の根的な支援を行うことで、「つながる地域」「支え合う地域」の担い手となっている。子育てや虐待問題の解消には行政による公的支援の重要性は言うまでもないが、地域に根差した多様なニーズをすべて、公的サービスで対応するには限界があるし、適当でない場合もある。今こそ関係者はもちろん、地域住民の一人ひとりが、「つながる地域」「支え合う地域」の大切さに気づき、その担い手になるよう機運を醸成していく必要がある。

（2）支援者同士のネットワークを

地域活動の担い手は、行政、住民、自治会・町内会、ボランティア、民生委員児童委員、ＮＰＯ、ＰＴＡ、社会福祉協議会、企業、商店など多岐に亘っている。これら担い手は活動を行う上でそれぞれ利点と限界を有している。支援が効果的に行われるには、これら様々な担い手が情報や認識、課題などを共有し、役割分担しながら一体的に活動を展開することが重要となる。そのためには、支援者同士のネットワークを構築する必要があり、その具体的なあり方を模索することが喫緊の課題である。

（3）公民の連携

先述したように、行政による公的支援と民間活動にはそれぞれ一長一短がある。このため、相互に補完し合った総合的な支援が求められる。例えば、民間活動の対象者の中には、公的支援による専門的で長期的な支援を必要とする人たちもいる。しかし、情報共有や連携のシステムが構築されていないため、公的支援につながっていないところも少なくない。逆に、民間によるきめ細かな支援が必要であると行政側が判断しても、民間活動への理解不足や個人情報の壁などから民間活動につながらないこともある。個人情報の取り扱いに関しては、事前に民間団体に情報提供することについて当事者の了解を取り付けるとともに、委託事業であれば委託契約書の中で守秘義務条項を盛り込んだり、委託事業でなければ別途守秘に関する覚書を締結するなどの方策を講じるなどの方法も考えられる。

6．最後に

昔から子育ては地域ぐるみで行われてきた。しかし、都市化・核家族化が進む中、子育てはすべて親の手に委ねられつつある。しかも、格差・貧困・排除が拡大する中、子育て家庭は孤立し、子育て不安や虐待問題が深刻化しつつある。このような中、行政による支援はもとより、様々な民間団体や機関が「つながる地域」づくり、「支え合う地域」づくりを目指して、地域に密着したきめ細かな支援活動を草の根的に展開するようになってきたことはむろん喜ばしいことである。しかし、電車の中で泣く赤ちゃんに母親が肩身の狭いを思いをするなど、まだまだ社会の視線、地域の視線は子育てする親に冷たい。高齢者介護は公的介護保険制度の創設などにより社会化が図られたが、子育ては未だ私事として、親だけの責任に委ねられる風潮がある。しかし、子育ては親だけではできない。真に「つながる地域」「支え合う地域」の中で、のびのび生き生きした子育て、子育ちを実現するには、社会の子育てに対

[4] 三本松政之（2008）「『気づきのない排除』への気づきのために - 臨床コミュニティの形成と福祉ボランティアの果たす役割」『クォータリー生活福祉研究』通巻64号Vol.16,№4,pp2-3

する意識改革が急務である。と同時に、親自身も子育ての負担をすべて抱え込むのではなく、心置きなくＳＯＳを発してほしい。「つらい」「しんどい」「たすけて」と。そしてそのＳＯＳを地域の一人ひとりが温かく受け止める、そんな時代が一日も早く来ることを願ってやまない。

【解題】
児童虐待をめぐる孤立

ボランタリズム研究所 運営委員
藤井渉

児童虐待は、子どもにとって生死にかかわる問題であり、その後の成長・発達にも深く影響を与えていく社会問題である。多くのメディアは、単に虐待のグロテクスさや親の批判をピックアップして報道するが、実際には「児童虐待」という言葉で括れないほど多種多様で、そして複雑にある。しかも「その後」の支援では、アタッチメントなど、繊細な子どもの心の動きに注意を向けながら、親が置かれている状況につぶさに目を向けていかない限り親子に寄り添うことができない。そこが放置されてしまうと、親子は「その後」の人生に向き合えないばかりか、場合によっては虐待が次の世代に連鎖してしまうという辛い現実がある。才村純氏、宮口智恵氏ともに声を揃えて報告していたのが、虐待現場にことごとく現れる「孤立」という問題の深刻さである。

才村純氏は、例えば次の三点を述べている。第一は、児童虐待の情勢について丁寧に解説し、児童虐待への対応件数が増加していることについて、虐待への認知が広がっていると同時に、やはりそこには実態として虐待そのものが増えているとの指摘である。第二は、その背景に横たわっているのが社会情勢や家族関係の希薄化で、具体的には幼い頃から赤ちゃんとかかわる経験が浅かったりすること、身近に居る周りの人たちからの支えが少なく、孤立していることである。第三は、虐待の定義と虐待対応の歴史である。どこからどこまでが虐待なのか、しつけと虐待の線引きなどは子どもの立場から見極めていくべきことであること、そして、その虐待の捉え方と虐待防止への取り組みの歴史を振り返ると、常に背後にあるのが市民セクターの存在であり、児童虐待防止協会がつくられ、児童虐待防止法制定には関係機関による当事者意識の形成で市民セクターが深く関わってきたとのことである。

宮口智恵氏は、このような児童虐待をめぐる孤立に対して、ＮＰＯのフィールドを立ち上げ、実践している。もともと児童相談所のワーカーとして活躍していた氏が直面してきた問題が、親子分離の権限を持つ児童相談所のワーカーが、果たして親に寄り添えるのかという問題であり、そしてその後の家族再統合に向けた支援には限界があるということであった。家族再統合についてカナダでの取り組みを知った氏が、児童相談所を出てフィールドを立ち上げたのが「ＣＲＣ親子プログラムふぁり」であった。その実践で得られた気づきは非常に示唆的で、例えば虐待をしてしまった親のなかには、子どもを怖れ、子どもに脅えているという姿が見られることであった。また、氏のもとに現れた母親が、氏がかつて児童相談所のワーカー時代に母子分離を判断した子どもであったというエピソードも紹介され、「虐待問題は子どもが親になったときに露呈する」という指摘は重たい。

児童虐待を生み出すのが「孤立」であり、その解消に向けた対策は、確かに時代とともに整備されつつある。しかし、そこにはまだまだいくつものポッカリと空いた穴があり、その穴はさまざまな親子の生活や気持ちをも長期的に蝕んでいる。そこに市民セクターがどう切り込むことができるのか。報告から学ぶべき示唆は多い。

第6章
外国人をめぐる孤立

NGO神戸外国人救援ネットの活動から見えてきた外国人をめぐる孤立

NGO 神戸外国人救援ネット
事務局　村西優季

【キーワード】●在住外国人　●多文化共生　●外国人支援　●技能実習生　●移住女性

1．日本で暮らす外国人の現状

日本には2017年6月末現在、247万人を超える外国人が暮らしている。その数は2012年以降再び増加傾向にある（図1－1、法務省）。在留資格別に見ると、永住者、特別永住者、留学、技能実習、技能・人文知識・国際業務が上位を占めているが、就労に制限の無い永住者、特別永住者、定住者、日本人の配偶者等の割合が全体の56.1%となっており、社会の中で日本人と共に長く暮らす人々が多くいることが分かる（図2－2、法務省）。ここでは、神戸での外国人支援の取り組みを中心にそこから見えてきた、外国人をめぐる孤立と今後の課題について述べたい。

【図1-1】在留外国人数の推移（総数）

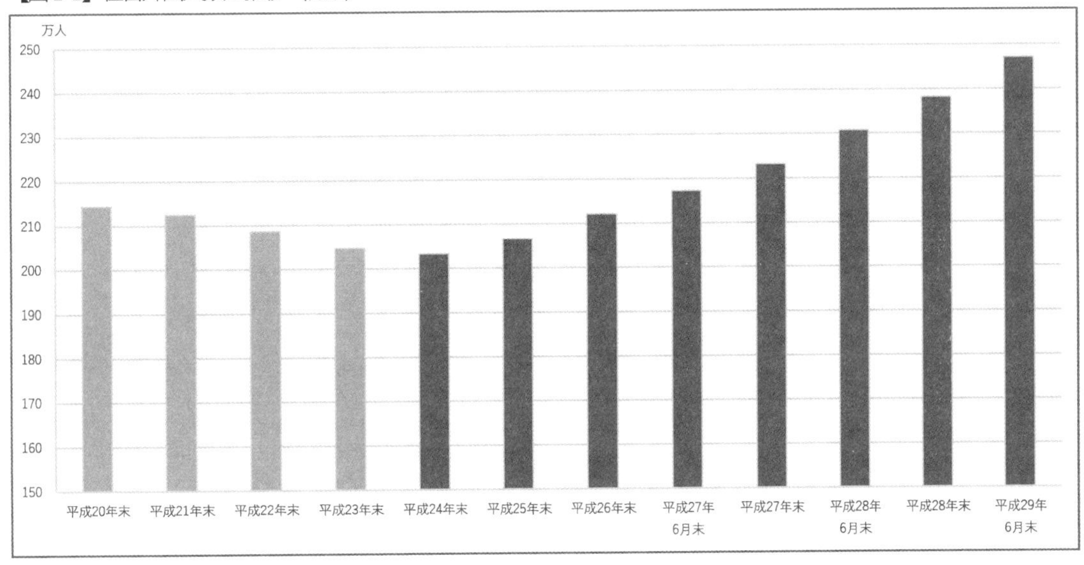

出所：法務省

【図2-1】在留外国人の推移（在留資格別）

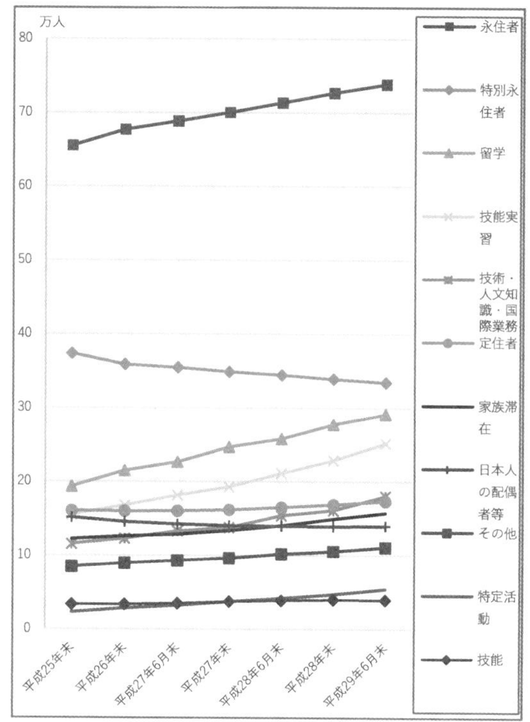

出所：法務省

【図2-2】在留外国人の構成比（在留資格別、2017年6月末）

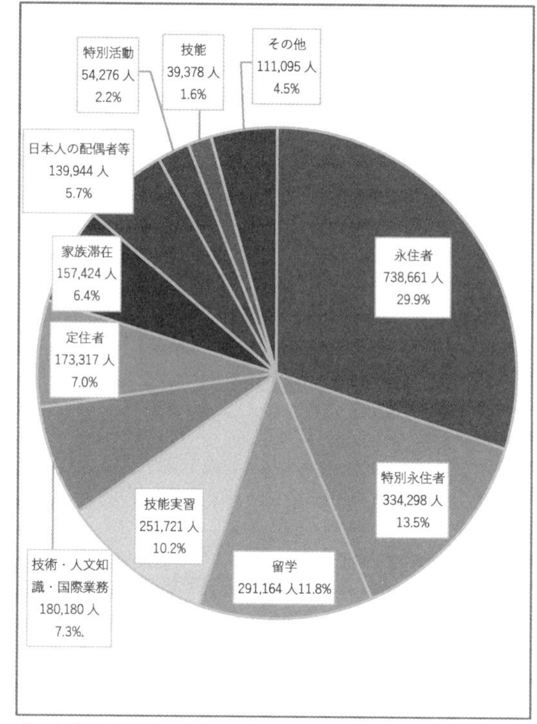

出所：法務省

2．NGO神戸外国人救援ネットの紹介

神戸は2017年に開港150年を迎えた。中国、朝鮮半島、インドを始めとする国際的な貿易の港として古くからその役割を担ってきた。また1908年（明治末）から1971年にかけて神戸の港から約25万人の日本人移住者が南米ブラジルへ渡ったとされている。

日本と世界と結ぶ玄関口であり、様々な国からやってきた人々が暮らす町を1995年、未曾有の大地震が直撃した。死者6,435名、負傷者43,792名、行方不明者2名を出した阪神・淡路大震災である。被災者の中にはもちろん外国人も含まれる。

NGO神戸外国人救援ネットは、神戸で被災した外国人を救援するため、団体・個人が「阪神大震災地元NGO救援連絡会」の外国人分科会に集まり、1995年2月16日に「阪神大震災地元NGO救援連絡会議外国人救援ネット」として最初の会合を行った。当時は被災したオーバーステイ等の外国人の義損金、治療費、弔慰金の問題にネットワークとして取り組み、地方自治体や国と交渉を続けた。1995年8月には救援ネットとして初めて多言語ホットラインを行った。その後、常設のホットライン窓口が置かれることになり、今日も在住外国人の支援を行っている。

現在は、毎週金曜日に多言語生活ホットラインを行っている。対応言語は英語、タガログ語、スペイン語、ポルトガル語、その他にも中国語、ベトナム語、ロシア語など必要に応じて通訳者を手配し対応している。相談は電話また来所での相談が中心である。

2016年度に寄せられた新規相談件数は145件。救援ネットに寄せられた相談の傾向としては、フィリピン国籍の女性からの相談が非常に多い（表1　救援ネット）。近年の傾向としてはベトナム国籍の相談者が増加しており、反対にペルーやブラジル国籍の相談者は減少傾向にある。

【表1】ＮＧＯ神戸外国人救援ネット2016年度ホットライン新規相談件数内訳

・新規相談者数：145件

・相談者性別：男性49名、女性100名

・国籍別相談者数

フィリピン	日本	ベトナム	ブラジル	ペルー	中国
49	18	12	11	10	10
ロシア	ウクライナ	アメリカ	コロンビア	韓国	モルドバ
6	4	3	2	2	2
アルゼンチン	ラトビア	インド	その他		
2	2	2	12		

・相談内容

在留資格	家族関係	医療	労働	社会保障
67	32	12	11	11
住居	DV	教育	その他	
9	8	6	16	

・言語別

日本語	タガログ語	英語	スペイン語	ポルトガル語
52	44	21	15	11
ベトナム語	中国語	ロシア語	タイ語	
7	3	2	1	

多言語生活ホットラインで受けた相談をその場で解決することは難しく、同行通訳・支援活動として、協力弁護士への法律相談、行政窓口、教育機関、医療機関等での通訳・交渉などを行っている（表2　救援ネット）。2016年度の同行件数は300件であった。同行件数も毎年増加傾向にあり、より複雑なケースに対応する場合は、同行の実施回数も増加する。

【表2】ＮＧＯ神戸外国人救援ネット2016年度同行通訳・同行支援件数内訳

・同行件数：300件

・相談者性別：男性52名、女性、250名

・国籍別相談者数

フィリピン	ラトビア	中国	ベトナム	コンゴ
151	36	30	26	10
ブラジル	ペルー	ウクライナ	モルドバ	タイ
9	7	7	6	6
日本	タンザニア	その他		
3	2	7		

・同行先

法律事務所	役所	相談者宅	NGO事務所
69	53	43	33
入管	DVセンター	裁判所	銀行・郵便局
22	16	15	12
医療機関	年金事務所	大使館	学校
12	6	6	6
労働組合	ハローワーク	警察署	その他
5	4	2	24

・同行内容

家族関係	在留資格	社会保障	DV	労働
95	88	66	57	14
医療	住居	教育	刑事	その他
13	12	7	3	17

その他にも、移動相談会、支援者向けセミナー、アドボカシー活動を行っている。

3．活動からみえてきた課題（事例紹介）

年間100件を超える新規の相談を受け、対応しているのだが、その中から外国人相談者が社会から孤立していると思われる事例を紹介したい。事例は実際の相談ケースから筆者が内容を編集している。

（1）技能実習生のケース

中国出身のAさんは、技能実習生として縫製工場で

働いている。普段は他の技能実習生と共に工場の寮で暮らしている。寮と言っても二段ベッドがいくつも並ぶ大部屋で、お風呂やトイレは共用である。プライバシーは皆無だ。それでも、家賃がしっかりと給料から天引きされている。通帳、印鑑、パスポートは安全のためという理由で会社が管理している。携帯電話は他の人の迷惑になるので、限られた時間、場所でしか使えない。少ない給料からは家賃の他に日本に来日するために通った日本語学校の学費も引かれている。残業代は付いていない。母国の家族を楽にしてあげたいが、毎日働き続けてつらい。休みがほとんどなく、他の工場で働く技能実習生に会うこともないので、この状況が普通なのかどうか分からない。しかし、会社に逆らうと国へ強制送還されてしまうかもしれない。いよいよ限界が来て、SNS を介して NGO に繋がることができた。

全ての受け入れ企業、管理団体が劣悪というわけではないが、この事例のように技能実習生を「管理」する企業、団体も決して少なくない。

身分証明書や貴重品の管理、外部との交流のシャットアウト、そしてルールに従わない場合は強制送還という脅しが技能実習生を社会から孤立させている。

（2）外国人ＤＶ被害者女性のケース

フィリピン出身のＢさん、以前エンターテイナーとして来日し、その後日本人男性と結婚しているフィリピン人の知人から日本人男性を紹介された。男性との年齢は 20 歳ほど離れていた。結婚をきっかけに来日したのだが、日本語はほとんど出来ない。夫との意思疎通も十分にできているとはいえない。結婚当初は夫が手続きや日本語など色々と教えてくれた。買い物も夫と一緒に行くので、自宅周辺に何があるのか、外国人が住んでいるのかあまり知らない。結婚から数ヵ月後、夫の仕事が上手くいかなくなり、休日は昼間からお酒を飲むことが増えた。次第にＢさんに対して暴言や暴力を振るうようになる。それでもお酒が入っていない時は以前のように優しく接してくれるからと夫を信じた。１年後、子どもが生まれたが、夫の仕事は相変わらずで、お酒の量も増え、暴力も振るわれる。それでも国にいる家族への仕送りや、子どもを日本で育てたいという思いもあり、耐えていた。ある日、夫が子どもに手上げ、これ以上の危害が加わることを恐れ、Ｂさんは夫が仕事に出ている間に区役所へ相談することにしたが、日本語で上手く事情を説明できない。NGO を良く知るフィリピン人女性に繋がることができ、NGO の同行通訳、及び公的な DV 支援を受けることになった。転居先を見つけ母子での生活が始まってからも孤立は続いた。転居先の近くにはカトリックの教会もありフィリピン人は多いが、他所から突然教会へ行けばどこから来たのか尋ねられるだろうし、また夫に見つかるかもしれないと恐れ周囲と関わることを警戒している。１年半におよぶ離婚調停の末、無事離婚が成立した。少しずつ新しい土地にもなれ、次第に教会にも通うようになり、今ではフィリピン人の友人も出来て母子で仲良く暮らしている。

外国人DV被害者女性のケースでは、日本人配偶者からのDV、夫と生活中は手続き等は夫まかせ（＝普段から生活の主導権を夫が管理）という傾向が多い。また相談者自身、相談窓口へのアクセスの難しさ、他府県・他市へ避難すること、相談者の家族は母国に居る（＝母子だけでの生活が始まる）という困難を抱えることが多い。日本国籍を持つ夫と別れることは、在集資格を失い母国へ帰国しなくてはならないという心配があり、相談をためらう者も少なくない。

（3）家族の事情で来日することになった外国人女性のケース

Ｃさんは、数年前に日本人男性と出会い、結婚し、その後もＣさんの母国で生活をしていた。二人の間に子どもも生まれ幸せな生活をしていたのだが、夫の仕事の関係で日本に引っ越しをすることになった。夫婦の会話は英語で、日本語が必要な場合は夫が手伝ってくれていたので、Ｃさんは日本語が苦手である。ところがある日、夫が交通事故に遭い、寝たきりになってしまった。日常生活はもちろん、様々な社会保障制度の手続き等もＣさんが中心となって進めていかなくてはならなくなった。自国との制度の違い、習慣の違い、そして言葉の違いが一気にＣさんを襲う。頼りにしていた夫は、今は自分を頼りに生活している状況。同国出身の友人との間にトラブルが起きてしまい、同国出身者との繋がりさえも拒絶してしまう。一人で全てを抱え込んでいる状況に陥っていた。夫を担当する病院から通訳の依頼が入りＣさんと繋がることができた。Ｃさん自身は健康で、子どももきちんと学校に通えているのだが、Ｃさんが夫を支えなくてはならなくなり、日本語が十分でない中で、自身のことはもちろん、子ども、夫をＣさんがサポートしなくてはならなくなる。NGO であらゆる手続きの通訳、翻訳をサポートすることになった。

同郷のコミュニティでお互いをサポートし、情報交換もできるメリットがある一方で、狭すぎるコミュニティでは噂が広まったり、プライバシーに踏み込み過ぎたりし、トラブルに発展することも多く、つながりを持つことをためらう人もいる。

４．WORKMATE の取り組み

NGO 神戸外国人救援ネットは緊急で問題解決をしなくてはならないケースの対応をすることがほとんどだ。離婚調停などで数年に渡り付き合いのある相談者もいるが、普段の生活面のサポートはできない。様々な事例を見てきたなかで中長期支援、日常生活の支援の必要性を感じた。

2014 年 6 月に WORKMATE を設立した。①在日外国人女性の仕事作りサポート及び子育て支援事業、②日本とアジアの人々をつなぐ事業、③アジアの開発途上国における雇用創出を目的とする社会起業の支援、④広報事業の４本が主な柱となっている。

年４回タガログ語のニュースレターの発行、月２回の母親向けの日本語教室、子ども向けの学習支援を定期的に行っている。その他にもフィリピン人親子を中心に、夏と冬に遠足を実施したり、就職セミナーを実施したりしている。「居場所」の役割と、日本社会で生活していく力を身につけてもらうための取り組みである。

５．まとめとして

日本で暮らす外国人が今後も増加していく。そしてその多くが日本に定住していくことになるだろう。技能実習制度をはじめとする制度の改善、公的機関等における多言語対応、日本で暮らす外国人への周囲の理解が必要となってくる。

多くの外国人が利用するであろう情報は多言語化し、また全ての相談窓口、学校、病院を初めとする公的機関では通訳を用意できる制度を構築する必要がある。窓口だけではなく、外国人当事者を取り巻く課題に必要な機関全てに同行し本人に説明する支援体制も必要になる。身近に出来ることとすれば、周囲が文化の違いを理解し受け入れる気持ちを持つことだ。どの様なバッググラウンドがその人を作り、何故そのような行動になるのか。違いを嫌い否定から入るのではなく、どうしてだろうという気持ちから入って欲しい。外国人が孤立することなく生活できる多文化共生社会構築に向けて、皆で協力して進めていきたい。

（参考文献）

・法務省　http://www.moj.go.jp/index.html
・一般財団法人日伯協会
　http://www.nippaku-k.or.jp/index.html
・ＮＧＯ神戸外国人救援ネット『阪神淡路大震災から10 年　外国人と共にくらすまちをめざして』(3 頁) 2005 年

外国人をめぐる「孤立」の背景と今後の可能性について

一般財団法人ダイバーシティ研究所
代表理事　田村太郎

日本で暮らす外国人が直面する課題について、「国籍」「在留形態」「世代」の「3 つの多様化」からみえる現状について、統計や制度の変遷を紹介しながら解説する。外国人の受け入れを原則として認めないとしながら、様々な例外を設けて外国人を受け入れる「サイドドアポリシー」と呼ばれる変則的な政策が、市民に誤解や偏見をもたらしたり、来日後の具体的な支援策を整備しないまま受け入れが進んだりしたことが、外国人の孤立の要因となっていると指摘。また「多文化共生」をキーワードに、民間と行政によるこれまでの取り組みを整理した。今後必要な取り組みとして、法律に基づく計画的・体系的な施策の整備や、外国人も担い手として地域の未来をともに拓くパートナーとなれるような視点を持つことを求めた。

【キーワード】●外国人住民　●多文化共生　●在留資格

1．はじめに

日本で暮らす外国人の孤立について考える際、「国籍」「在留形態」「世代」の「3 つの多様化」が進展していることを視野に入れ、それぞれの多様化に対応する取り組みが必要となる。

日本で暮らす外国人の数はリーマンショック以降、微減が続いていたが 2013 年末から再び増加に転じ、最近はベトナムやネパールの出身者も増え、多国籍化がいっそう進んでいる。国籍が異なるということは、文化や習慣も異なり、社会とのつながりにおいて配慮すべきことも多様になる。これが3つの多様化の1つ目、「国籍の多様化」である。

二つ目は「在留形態の多様化」。近年は「技能実習生」や「留学生」として来日し、地域の貴重な働き手となっている外国人が急増しているが、その少し前は日系人として来日、就労するブラジル人やペルー人が多かった。また配偶者として来日したフィリピンや韓国などからの女性も少なくない。在留する資格によっては日本でできる活動や受けられる社会保障に制約があり、多様な在留形態に配慮した対応が必要だ。

3 つめは「世代の多様化」である。日本は移民を認めていない国とされているが、原則として 10 年以上、日本に継続して滞在していれば「永住者資格」を申請することができ、認められれば永住することも可能だ。例えば 1990 年代に急増したブラジルからの来日者は、リーマンショックで減少したものの、現在は永住資格を取得して日本で暮らし続けている世帯も多い。10 年というのは原則であって、日本人の配偶者の場合は5年、また弁護士や医師などの高度人材は今年から最短で1年で永住者資格が得られるように要件が緩和されている。永住するということは、子どもや親の呼び寄せや本人の高齢化など、世代間の違いにも配慮が必要となる。

本稿ではこうした「3 つの多様化」が進展するなか、外国人が直面する課題とその背景について歴史的な経過も踏まえて整理するとともに、これまで各地で展開されてきた外国人住民をめぐる行政や民間による孤立を防ぐ取り組みを解説し、外国人をこれからの地域の持続可能な未来を拓いていくパートナーという視点から、今後市民やボランタリーセクターに求められることについて整理を試みる。

2．地域で暮らす外国人の現状と課題

（1）日本における外国人の様子

日本には2017年6月末現在で、約253万人の外国人が暮らしている。2012年の改正入国管理法（以下「入管法」）および改正住民基本台帳法の施行で、以前あった「外国人登録法」が廃止され、外国人も住民基本台帳に登録することとなった。その登録人数を法務省入国管理局が「在留外国人」として統計をまとめており、その数が6月末現在で約247万となっている。このほか、有効な在留期間を過ぎてもなお日本に留まっていると推測される外国人についても、法務省は「不法残留者」として年に2回、統計を発表しており、その数は7月1日現在で約6万5千人となっている。法務省のいう「不法残留者」も地域で暮らす外国人であることに間違いなく、「在留外国人」と「不法残留者」の合計、約253万人が「日本で暮らす外国人」の数と言って良いだろう。

図1は「在留外国人数」の年次推移である。サンフランシスコ平和条約が締結され、日本が独立を回復した1951年から、日本で暮らす外国人の数は一貫して増え続けてきたが、リーマンショックを受けた2008年に初めて減少。その後、東日本大震災や原発事故の影響もあって減少が続いたが、2013年から再び増加に転じ、ここ数年は過去最高を更新し続けている。

図2は国籍別の在留外国人数の年次推移である。2006年までは韓国・朝鮮がトップだったが、2007年に中国が上回って第1位となり、現在に至っている。韓国・朝鮮が減少しているのは、日本人との結婚で子どもが日本国籍を取得したり、本人が日本国籍を取得したりすることで、外国籍を持つ在日コリアンが減少していることが大きな要因だ。1990年の改正入管法施行時に日系3世とその家族までの来日や就労が認められたことで、ブラジルからの来日者が増えたが、リーマンショック以降は減少した。フィリピンは日本人の配偶者として来日した女性の他、日系人や技能実習生としての来日もあり増え続けている。最近急増しているのはベトナムとネパールで、いずれも技能実習や留学での来日が多いほか、ネパールではインド・ネパール料理店で調理師として働く人やその家族も多い。

【図1】在留外国人数の年次推移

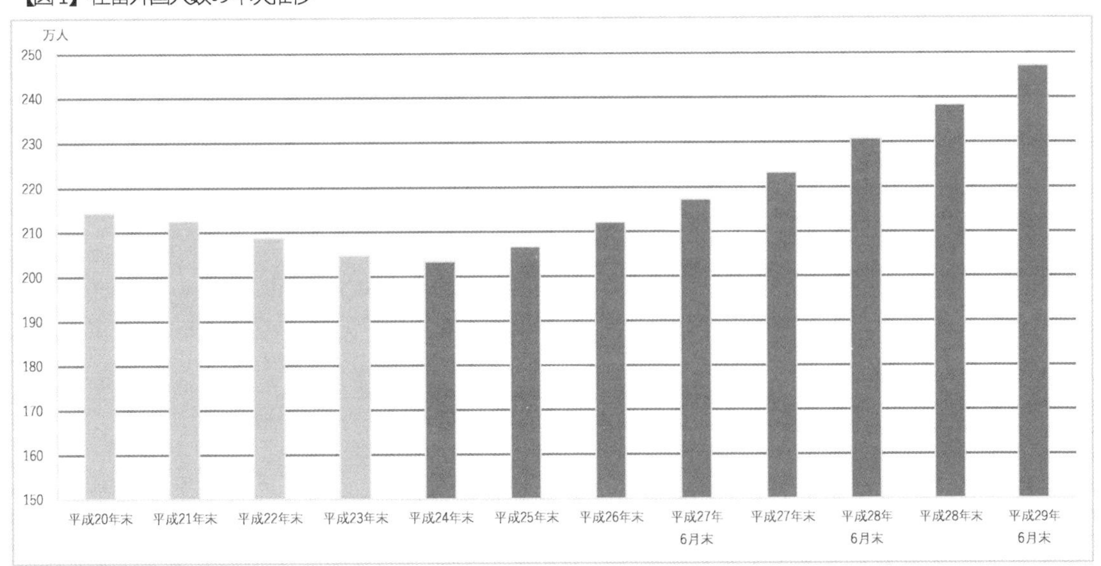

出所：法務省入国管理局統計

【図2】国籍別在留外国人の年次推移（2006年末〜2016年末）

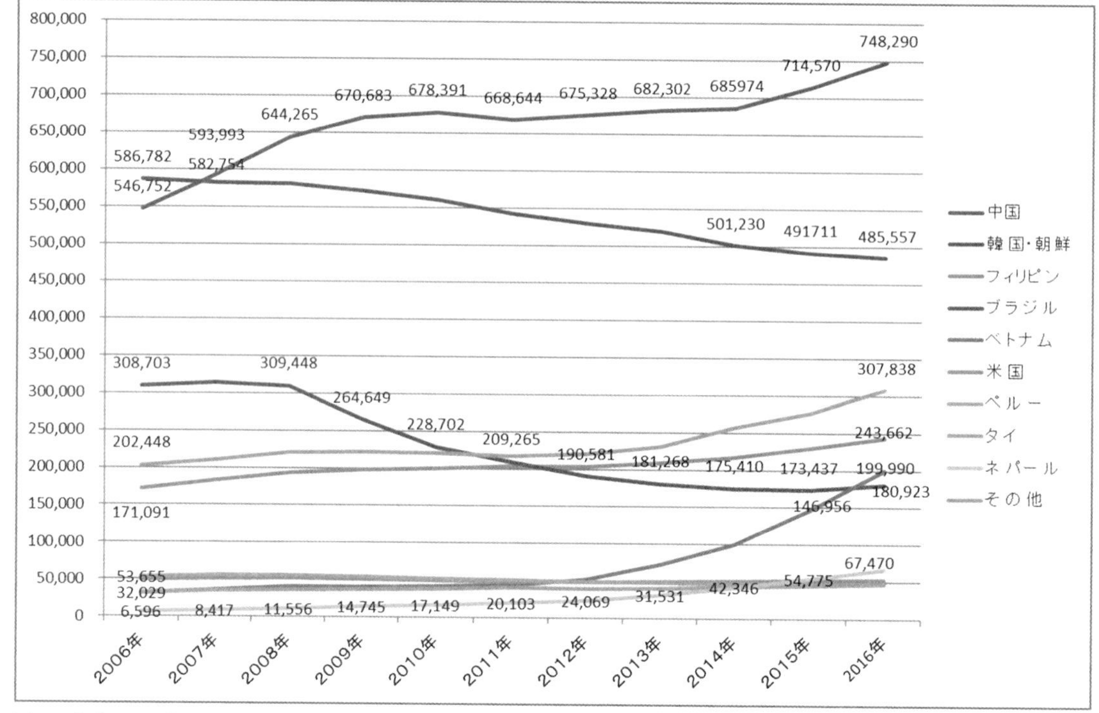

※2011年末までは外国人登録者数。「中国」は台湾を含む。法務省統計から田村作成

図3は2017年6月末現在の在留外国人の在留資格別の割合をグラフにしたものである。在留資格とは入管法で定められたもので、日本や日本人との関係性に基づいて与えられる永住者・定住者・日本人の配偶者等・永住者の配偶者等の4つの「身分」に関する在留資格と、留学・技能実習・技能・家族滞在といった日本で行う「活動」に基づいて与えられる在留資格とに二分することができるが、在留資格別では全体の6割が「身分」に関する在留資格で日本に暮らしていることがわかる。

1983年に日本が批准した難民条約により、「身分」によって与えられる4つの在留資格で暮らす外国人には、社会保障上の日本人との差はないこととなっており、健康保険や年金はもちろん、生活保護も申請でき、認められれば支給を受けられる[1]。一方、活動に関する在留資格の場合は就くことのできる職業が限られており、そもそも就労が不可能な在留資格もある。「技能実習」

【図3】在留外国人の在留資格別割合（2016年末）

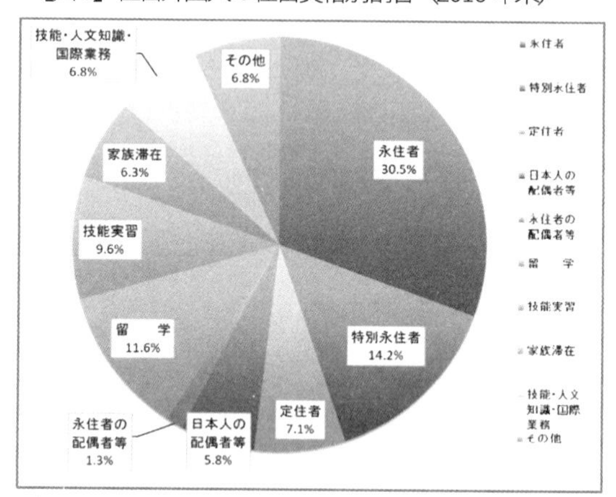

出所：法務省統計を基に田村作成

[1] 日本人に適用される社会保障を準用することとされており、例えば生活保護申請が却下された場合は不服申し立てができないなど、一定の制限はある。

は日本の高度な技術を習得して母国で活かすという国際協力のしくみとされており、あらかじめ契約した就労先を変更することや滞在を延長することは原則として不可能だ。また「留学」や「家族滞在」はアルバイトをするにも「資格外活動許可」を取らなければならないうえ、1週間に何時間までという就労時間の制約があり、違反した場合は「不法就労」となり日本からの退去を強制されることもある。日本人の配偶者等の資格でも、日本人と離婚すると日本での滞在ができなくなるなど、外国人を巡る孤立を考えるうえでは在留資格制度がもたらす生活への影響の大きさを十分に知っておく必要がある。

（2）地域で暮らす外国人住民が直面する課題

大阪市で暮らす外国人はこの20年近く、約12万人前後で合計ではあまり増減が見られない。しかし内訳としては、外国籍を持つ在日コリアンの減少分を、新たに他の国から来日した外国人が埋めている状態である。図4は2006年と2015年の大阪市における外国人住民の国籍別の比較だが、実質的には大阪市に暮らす外国人は増加しているともいえる。

【図4】大阪市の在留外国人数の変化（2006年→2015年）

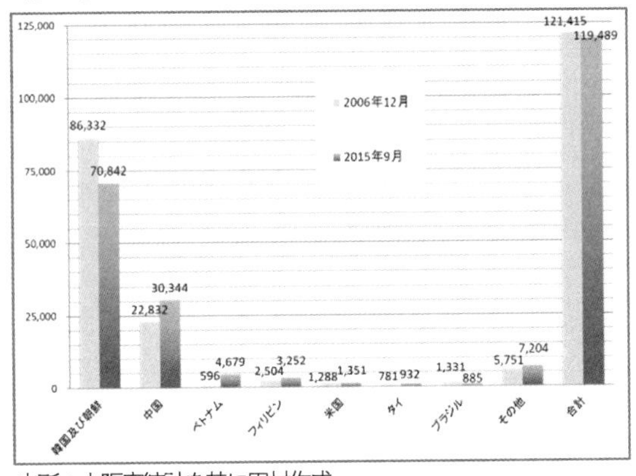

出所：大阪府統計を基に田村作成

市内でも区によって、外国人の構成や人数に大きなちがいが見られる。生野区には在日コリアンが、平野区や東住吉区には中国帰国者[2]がそれぞれ多い。人口に占める割合では、中央区や浪速区が高くなっている。冒頭にも触れた「3つの多様化」は大阪でも進行しており、外国人が直面する課題は以前にも増して多岐にわたるようになった。例えば、保育園を利用する外国人児童も増えており、大阪市内の保育所へ通う児童の約7%を占めている[3]。保護者が外国人でも児童の国籍が日本という場合はこの数字には含まれないため、外国にルーツのある児童は1割を超えると推測される。日本語指導が必要な児童・生徒も増えており、大阪市内の公立小中学校の約4割にあたる172校に、522人が在籍している。少子高齢化の影響で日本人の児童は減るなかか、子ども達をめぐる環境で外国人の存在感は大きくなっている。

在日コリアンの他、中国帰国者やブラジル、フィリピンからの来日者でも高齢化が進展しており、高齢者も外国人固有の課題に直面している。難民条約の批准により外国籍者への社会保障の内国人待遇が実現する1983年まで、国民年金に加入できなかった在日コリアンの高齢者の無年金を救済する補助金を、関西の自治体を中心に設置して対応してきたが、今後は就労が不安定で年金を納められなかった外国人高齢者が増える可能性が高く、生活保護などで救済する必要が出てこよう。

介護保険制度も制度の説明や加入の促進が充分できているとは言えないが、永住する外国人が増えている状況をふまえると、早急な対応が必要だ。認知症になるとあとから覚えた言語を忘れてしまう、という事例もよく耳にする。例えば20歳で来日し、60年間日本で日本語に生活してきた80歳の男性が、ある日突然日本語がわからなくなるというような事例だ。また日本人

2　1990年の改正入管法施行時に日系ブラジル人が増えたことと同じ理由で、中国残留孤児・残留婦人に加え、その3世と家族も来日や就労の制限がなくなった。

3　2016年5月現在の大阪市子ども青少年局に筆者が問い合わせて得た数字から算出。全入所児童数6,288人のうち外国籍が442人、割合は7.03%だった。

が多いデイケアセンターなどでは、日中のアクティビティが日本の歌や日本の遊び中心だったり、提供される食事も日本食が多かったりすると、日本以外の文化を持つ高齢者は楽しむことができず足が遠のく、ということもある。医療保険も介護保険も通訳は点数がつかないため、言語がわかるスタッフを置いてもその分の付加価値は収入にならない。すでに在日コリアンの受け入れで実績のある大阪市の現場から、官民で連携しながら新しいしくみをつくっていくくらいの気持ちで臨みたいところだ。

（3）孤立の背景にあるもの

外国人と日本人との間にある一番の壁は、やはり言葉の壁である。外国人住民の増加に対応すべく、自治体やNPOが多言語で情報提供を行ったり、相談窓口を設置したりすることはかなり定着している。しかし、情報を翻訳するだけでは外国人が適切な行動をとれない、という場面にもたくさん遭遇する。例えば災害時に「避難してください」とだけ多言語化されても、どこへ避難すれば良いのか、避難する際にはどんなことに気をつければ良いのか、避難所に行けばどんなサービスが受けられるのか、といった情報がないと避難できない。学校行事でも、例えば入学式、運動会という言葉をそのまま訳すだけでは、その日にどんな服を着ていけば良いのか、一般的に日本ではその行事にどのような思いで、どんな保護者が参加するのか、という情報は伝わらない。

日本で生まれ育った人にとっては説明不要でも、外国人にとっては言葉だけを翻訳されても何のことかわからなかったり、誤解して受け止め、より困難な状況に陥ったりしてしまうこともある。大切な情報を提供し、何かの行動を促したいときには、あらかじめ多くの人が持ち合わせている「ストック情報」と、促したい行動の引き金となる情報だけを流す「フロー情報」の両方が必要なのだが、支援者側も「フロー情報」だけを翻訳すればなんとかなると思いがちだ。外国人が孤立する背景には、「フロー情報」の多言語化が不足しているることだけでなく、「ストック情報」の濃淡への配慮のなさがあるのではないか。

また、入管法などの外国人住民を取り巻く制度や、外国人住民が増えているという現状に対する日本社会側の理解のなさも、誤解や偏見を助長し、外国人を排除する要因となっている。日本社会では、外国人というといつか国に帰る人というイメージが強いようで、筆者も外国人の友人たちから、「日本人はなぜ『いつ国に帰るの』と聞くのか、ずっと日本にいたらダメなのか」とよく愚痴をこぼされる。実際は既述のように、要件を満たせば永住できる制度はあるのだが、多くの日本人は知らないのではないか。

とくに「不法残留者」について、孤立という視点では、住所がなく、地域での生活そのものが不安定になりがちであり、最も支援すべき人たちとも言えるのだが、「不法」というレッテルを貼られると相談に行くことも難しくなる。入管法は違反していても、基本的な人権は守られるべきであり、この視点から「不法残留者」とはいわずに「オーバーステイ」や「非正規滞在者」と呼び、支援する団体もある。何らかの事情で有効な在留資格を失っても、事情を勘案して特別許可を申請し、認められれば合法的な滞在に切り替えられる制度もあり、違法行為を助長するのでなければ、相談にのったり生活を支援したりすることで支援者が罪に問われることはない。法務省でもDV被害者や労働者保護の観点から、自治体や労働基準監督署などの行政機関においても入管法の取り締まりより、相談や人権保護を優先する旨の通知を出している。市民セクターにおいても、違法状態にある人の人権にも目を向け、制度の狭間にあって孤立する外国人への視点もつねに忘れずにいたい。

3．外国人受け入れと多文化共生への流れ

（1）「サイドドアポリシー」による外国人受け入れの問題

現在のように多くの外国人住民が地域で暮らすようになったのは、1980 年代後半のいわゆる「バブル景気」をきっかけにした外国人労働者の増加にある。それ以

前の日本は、戦後も海外に移民を送り出してきた。最後のブラジルへの移民船が出航したのは1972年で、そのわずか10年後には労働力不足を背景にアジアからの受け入れが始まっており、日本は短期間で送り出しと受け入れの両方の歴史を持つ世界でもまれな国だ。

1990年の改正入管法施行まで日本の労働力不足をカバーしていたのは、当時、入国に際してビザが不要だったイラン、パキスタン、バングラデシュから来た男性労働者だった。観光目的として入国し、建設現場や工場で働き始めた彼らの数は30万人近くに上った。群馬や栃木の自動車部品工場で働き、週末は上野公園や代々木公園で集まっている様子がテレビや新聞などでも報道された。またアジアへ出張した日本人男性が現地で目にした繁華街の楽しさを日本に持ち込もうと、全国各地に「フィリピンパブ」がオープンし、フィリピンやタイから女性たちが連れてこられた。「嫁不足」に悩む東北や四国の自治体が国際結婚を仲介するような施策も繰り広げられた。

こうした状況は入管法だけでなく、国際的な人権の視点から見ても問題があり、外国人を移民や労働者として受け入れようという議論が国会などでも巻き起こった。しかし政府は外国人の「いわゆる単純労働」は認めないという閣議決定を行ったうえで、在留資格の種類や取得要件を明確化した改正入管法が1989年に成立、翌年に施行されることとなった。雇用が奪われるといった意見や移民受け入れへのアレルギーに配慮し、外国人が就くことができる仕事は日本人にはできない特別な技能や技術を持つ場合に限定された。

しかし、本来は就労できない在留資格で働いている外国人に依存してきた業界から、何らかの対応策を求める声が上がったため、政府はいくつかの例外を設け、外国人によるいわゆる単純労働への道が開かれることとなった。当時、経済が混乱していた南米に多く暮らす日系人を救済するための「ふるさと訪問」として、日系３世とその家族の来日を認めたり、日本の高度な技術を習得して母国に持ち帰る「国際協力」の一環として研修・技能実習制度を設け、製造業や水産加工業などで３年間、就労できるようにした。

表向きは移民や単純労働は認めないとしながら、様々な理屈をつけて例外を設け、事実上の受け入れを推進するような政策は、表玄関（フロンドドア）を閉めつつ横や裏から入り口を設けるようなさまであることから「サイドドアポリシー」と呼ばれている。外国人を受け入れる多くの国の場合は「フロンドドア」を開けるに際し、充分な議論を通して国民の合意をはかり、必要な法律や予算を整える。しかし「サイドドアポリシー」では、多くの国民が合意した覚えもないまま、なぜ外国人が増えているのかを理解できないまま、身近なところで外国人が増えるため、漠然とした不安や偏見が生じやすくなる。

また日本語教育や通訳・翻訳のためのしくみを整えないまま外国人受け入れが進んだため、来日した外国人も受け入れた地域の側も困惑が広がった。近隣住民やボランティアが手弁当で日本語教室を開いたり、自治体が独自に相談窓口を設置したりして、政府による政策の不在をカバーせざるを得なかった。外国人が来たから問題が起きたのではなく、滞日後の具体的な支援策がないまま変則的な受け入れ政策を進めた結果、外国人の孤立が生じたとも言える。

（2）多文化共生をキーワードとした取り組みの進展

1990年代半ばから、外国人が直面する課題の解決に向けた取り組みや、ちがいを受け入れる地域をつくっていこうとする取り組みについて、「多文化共生」と表現して計画的・体系的に推進して行こうという考え方が広まった。多文化共生という言葉は、1990年代前半に在日コリアンなど外国人が多く暮らす川崎市のおおひん地区で、まちづくりを検討する中で使われたのが最初のようだが、1995年の阪神・淡路大震災を機に設立された「多文化共生センター」が団体名として掲げたことが、全国に広まるきっかけとなった。

多文化共生センターは阪神・淡路大震災で被災した外国人へ、多言語で情報提供を行う活動をもとに1995年10月に設立され、2000年にNPO法人化した。大阪でスタートしたが東京、京都、兵庫、広島にも活動を拡げ、2006 年からはそれぞれが独立する形で活動を継続している。同センターの設立に際し、「国籍・言語・文化や性などのちがいを認め、尊重し合う多文化共生社会」の実現を目標として掲げ、その実現のために必要な活動を次の３つの理念のもとに整理した。

①基本的な人権の尊重

②民族的・文化的少数者の力づけ

③相互協力のできる土壌づくり

その後「多文化共生」は他の団体でも用いられるようになったが、総務省が 2006 年３月に自治体が取り組むべき多文化共生の取り組みをまとめた「多文化共生推進プラン」を発表し、「国際交流」「国際協力」に次ぐ３つめの地域国際化施策の柱として「多文化共生」を位置づけ、自治体に計画的・体系的な施策の推進を促したことで、自治体施策の用語としても広く使われるようになった。

総務省のプランでは多文化共生を「国籍や民族などの異なる人々が、互いの文化的ちがいを認めあい、対等な関係を築こうとしながら、共に生きていくこと」と定義した。同プランでは自治体が取り組むべき施策について、基本的な考え方と具体的な施策の例を示しながら次の４つの柱で取り組むよう求めている。

①コミュニケーション支援

日本語習得支援や通訳・翻訳体制の整備などにより、日本語でのコミュニケーションができない住民への支援を行う。

②生活支援

医療や教育、労働、防災など、多様な文化背景に配慮した固有の施策を行う。

③多文化共生の地域づくり

啓発イベントや外国人住民自身の地域社会への参画を通して、地域社会全体で多文化共生をめざそうとする意識を涵養する施策を行う。

④推進体制の整備

上記の施策を推進するための条例や計画、担当部署の設置や部署間の連絡会議等を整備する。

2017 年４月に総務省が自治体に調査しまとめたところによると、多文化共生に関する指針・計画を単独で策定している自治体は 92(都道府県 17、政令市 8、市 61、区 5、町 1) とまだ少ないが、地域国際化指針や総合計画に多文化共生を含んでいる自治体を併せると 746 となり、自治体全体の 4 割が取り組んでいることとなる。プランの改訂に取り組む自治体もあり、自治体による多文化共生は「施策の立案」から「評価・改善」の段階に移りつつある。

多文化共生を進める実際の施策の展開においては、NPO との連携や、自治体が設立した「国際交流協会」などが担っている場合が多い。また国際交流協会のうち、都道府県と政令市が設置した者については、総務省が「地域国際化協会」として認定し、総務省の関連団体である「自治体国際化協会」を通して情報の共有や地域ブロックごとの協議会のサポートなどにあたっている。

（3）増える「サイドドア」と高まる孤立のリスク

総務省のプラン発表と同じ 2006 年末、内閣官房は「『生活者としての外国人』に関する総合的対応策」を発表し、1990 年の改正入管法施行から 16 年を経てようやく、政府が取り組むべきことを明示した（図５）。

【図 5】内閣官房「外国人労働者問題関係省庁連絡会議」が 2006 年末に発表した「『生活者としての外国人』に関する総合的対応策」の概要

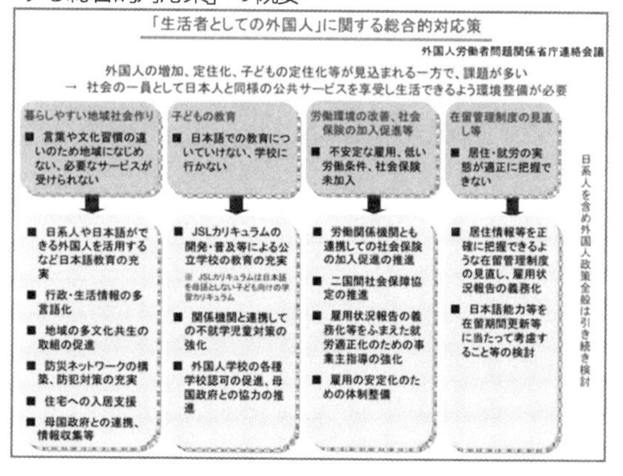

その後のリーマンショックでは内閣府に「定住外国人施策推進室」を設置し、日系定住外国人の雇用や子どもの教育への支援を打ち出したり、外国人も住民登録ができるよう 2009 年に入管法と住基法を改正し、外国人登録法を廃止して 2012 年に施行するなど、一定の成果は見られるようになった。とくに住民基本台帳法に基づいた在留外国人の住民登録への統合は、これまでの外国人登録制度による外国人の管理を目的とした法務省から市区町村への法定受託事務から、市区町村が本業として住民の利便の増進を目的として行うことへの変更となり、大きな意味を持つ。市区町村は自らが持つ外国人住民の情報を活かし、例えば小学校に入学する児童がいる外国人世帯への案内や、介護保険に加入することとなる人がいる世帯へ、あらかじめ情報を提供したり個別に訪問したりして、利便の増進に務めることができるようになった。

この対応策のとりまとめにあたって、政府は新たな外国人受け入れの議論はせず、今、日本で暮らしている外国人を「生活者としての外国人」と定義して、課題解決のための必要な政策をとりまとめることとした。外国人の「いわゆる単純労働」を認めない閣議決定は、現在も引き継がれており、一方で少子高齢化の急速な進展に伴って増え続ける外国人受け入れへの要望に対しては、新たな「サイドドア」を開けることで対応し続けている。東京オリンピックの開催が決定した直後には、建設業に限り原則３年の技能実習期間を５年に延長することや、大阪府と神奈川県を外国人の家事労働者受け入れの国家戦略特区として認める、介護を技能実習に加え３年の期間を経て資格所得などの要件を満たせば「介護」の在留資格を新設する、といった新たな受け入れ制度を拡充している。

しかし、日本語習得機会の拡充や、通訳・翻訳のできる人材の育成といった、来日後の生活を支える施策については、具体的な法制度の検討は行われていない。国際協力の一環という建前の技能実習制度は、実際は労働環境の改善が進まず日本人が敬遠する産業に安い労働力としての外国人を供給する手段となっており、受け入れ事業者による不当な労働行為や実習生の失踪が後を絶たない。外国人受け入れに関する国民的な議論を踏まえた、本格的な外国人受け入れと、来日後の生活を支えるための政策の実現を急がなければ、外国人の孤立のリスクは高まるばかりである。

4. 地域の未来を切り開くパートナーとしての外国人

最後に地域における外国人の孤立を防ぐこれからの取り組みへの期待について、政府や行政への期待と市民セクターへの期待の２つの側面から整理する。

（1）多文化共生の法制化

まず政府においては、総務省のプランという位置づけではなく、基本計画や基本法として多文化共生を位置づけ直し、すべての自治体が法に基づいて取り組む施策へと転換を図るべきである。現状では人権意識が高い首長や幹部がいる自治体では取り組みが進んでも、そうではない自治体では取り組みが進展しない。また首長や幹部が交代すると施策が中止されるといった事態も生じており、外国人住民はどの自治体に暮らすか、またいつ首長が変わるかで生活が一変する。

また自治体に必要な施策をまとめるだけでなく、国として必要な法整備も進めるべきだ。日本語教育については 2016 年に超党派の議員連盟が発足し、法制化を進める動きもあるが、医療や介護現場で活躍できる通訳の育成や派遣制度の整備、学校での日本語や教科学習の支援など、ボランティアや不安定な雇用条件での「個人の善意」に頼っている現状を変えるしくみを構築なければならない。欧州やカナダ、オーストラリアなどはもちろん、韓国や台湾などでも受け入れた外国人への支援策を法に基づいて整備し、自治体が条例を持って対応する流れがあり、日本はかなり遅れている。

（2）担い手としての外国人の活躍

市民セクターには、課題に直面する外国人へのサポートとともに、社会全体に対する理解の促進や、多文化共生への機運の醸成にも力を入れて欲しい。多文化共生プランを整備しようとする自治体がパブリックコメントを求めると、残念ながら多くの反対意見が寄せられるという事態が続いている。サイドドアポリシーによって助長された偏見を払拭し、地域の未来を切り開くパートナーとして外国人を受け入れようという機運を整えなければ、行政による施策の進展も後退してしまう。

また永住する外国人住民も増えるなか、外国人自らが組織を形成し、必要なサービスを提供したり、政策提言を行ったりする動きもある。外国人を支援の対象としてだけとらえるのではなく、支援の担い手としての可能性にも着目してほしい。

【解題】
外国人をめぐる孤立

ボランタリズム研究所 運営委員
永井美佳

日本に暮らす外国人の数は、「在留外国人」と「不法残留者」の合計で、約 253 万人である（2017 年 7 月 1 日現在）。日本で暮らしている外国人の渡日・在留理由は多種多様で、仕事、技能実習生、留学、中国帰国者、インドシナ難民、日系南米人、日本人との結婚、不法残留などさまざまである。人口減少の傾向にある日本社会において、2013 年以降、外国人の数は右肩上がりに増加しているが、社会的統合は進んでいない。多様な国籍・文化の人々とともに生活するということは、配慮すべきことも多様になるということであり、そのことに対する理解と対応策が、今後ますます重要となってくることは間違いない。外国人が日本で暮らすことに希望が持てるような未来を目指して、本章 では、「外国人をめぐる孤立」に焦点をあて、問題点の抽出と課題の解決に向けた提言を二人から寄稿いただいた。

まず、実践者の立場として、ＮＧＯ神戸外国人救援ネットの村西優季さんは、同団体が対応する相談より、外国人が社会から孤立している事例として、技能実習生のケース、外国人ＤＶ被害者女性のケース、家族の事情で来日することになった外国人女性のケースをリアリティのある描写で紹介し、外国人の孤立を生み出す背景や構造的な課題を指摘している。そのうえで、日本で暮らす外国人が増えていくなかで、「技能実習制度をはじめとする制度の改善」、「公的機関等における多言語対応」、「日本で暮らす外国人への周囲の理解が必要となること」を提言している。

次に、研究者の立場として、一般財団法人ダイバーシティ研究所の田村太郎さんは、日本で暮らす外国人が直面する課題について、「国籍」「在留資格」「世代」の「３つの多様化」からみえる現状について、統計や制度の変遷を紹介しながら解説し、外国人の孤立を生み出す要因として、「サイドドアポリシー」と呼ばれる変則的な政策が、市民に誤解や偏見をもたらしたり、来日後の支援策が未整備のまま受入れが進んだりしたことの課題を指摘している。今後について、「多文化共生」をキーワードに、官民のこれまでの取組みを整理したうえで、これからは、「法律に基づく計画的・体系的な施策の整備」や「外国人も担い手として地域の未来をともに拓くパートナーとなれるような視点を持つことが必要」と提言している。

「外国人をめぐる孤立」を考えるとき、日本に暮らす外国人のすべてが孤立しているわけではない。しかし、社会的な立場が弱かったり、コミュニティとのつながりが弱かったりする外国人は、言葉の違い、宗教の違い、文化の違いなどが障壁となって、日本人よりも一層孤立しやすい側面があることが、本章を読むと構造的に理解できる。村西さんは、いわば「ケースワーク」の視点から、外国人を孤立させない取組みを日々実践しており、田村さんは、かつてのケースワーク実践経験をふまえて、「フレームワーク」の視点から、外国人を孤立させない「共生社会」を提唱している。「共生社会」の概念である、さまざまな「違い」を受入れて、互いに「変化」することが、外国人をはじめとするあらゆる立場の人の孤立を防ぐ鍵となることを、本章では気付かせてくれる。

市民セクターが挑む、社会的孤立の抑制・解消への道程

―市民セクター自身の「社会的孤立」を超えて―

市民セクターは、常に時々の社会的課題に対して先駆的に取り組んできた。ある時は直接に当事者である社会的弱者を支援し、ある時は現実に対する深い調査をもとにしてアドボカシーに取り組み制度改革を主導してきた。現代の急速で複雑な社会変容に伴う様々な社会的課題に対し、ますます市民セクターの役割が問われている。

ボランタリズム研究所では、2014 年度から「市民セクターの次の１０年を考える研究会」を実施し、市民セクター自体の展望を探ってきた。今回、研究会の第二次１０回シリーズとしてさまざまな角度から「社会的孤立」について考えたい。具体的には、貧困な状態にある子ども、障害者、高齢者や団塊世代、ＬＧＢＴ、虐待、外国人、ひきこもり、シングルマザー、過疎・消滅可能性都市の課題について取り上げ、実践者と研究者からヒントを得ながら、「社会的孤立」に市民セクターがどのように挑めば良いかを探っていく。

本研究会の特徴は、個々の社会的課題と市民セクターとのかかわりに関する三つのフロンティアを意識していることである。

第一に、個々の社会的孤立の課題を解決するために、市民セクターの連帯を意識的に作り上げることが必要ではないか、という点である。個々の社会的孤立の課題には、それぞれの専門性をもち日々献身的に取り組むＮＰＯや研究者たちがいる。このような取り組みが、領域毎で個別バラバラに進められていることが多い現状を踏まえ、本研究会では、あえて横断的に問題を取り上げていく。

実際、一つの自治体に、社会的孤立の課題を抱える子ども、高齢者、ＤＶ被害者、外国人等のために、個々にシェルターを作っていくことは、財政危機と少子高齢化・人口減少社会において可能だろうか。また多数派を動かすことによってしか制度改革や予算が動かないとすれば、個々の社会的課題に関わる人々の幅広い連帯をもとに多数派を形成し動かしていかなければならないのではないだろうか。

第二に、深刻な社会的課題は、市民セクターを担うＮＰＯのみならず、企業や行政、地域団体や専門職団体など多様な社会的主体の協働によってしか解決できないのではないか、という問題意識である。個々の社会的課題に取り組むＮＰＯの仲間内の世界に閉じこもっていては、問題の解決のための知恵も資源も、理解も得られない。市民セクターを超えて、広く社会に訴えかけられる言葉を我々は持たねばならないのではないか。

第三に、個々の社会的課題にかかわる実践者と研究者の双方からの問題把握と連帯を作るべきではないか、という点である。ビビッドで深刻な現実の事例を挙げて社会に訴えることは不可欠であるが、社会や行政を動かそうとすれば統計的な把握や全体の中での位置づけ、海外や全国での先駆的な対応事例など、多様な知が必要である。他方、統計的数字や制度論を議論する研究者は、しばしば現実の運動が持っている具体的な課題を把握することから離れてしまうこともある。研究マインドの実践者、実践を理解する研究者が対話しつつ育っていく場が必要である。

これらは、あえて言えば、市民セクター自身の三つの「社会的孤立」を克服するというフロンティアに立ち向うということでもある。もちろん、個々の社会的孤立が直面している課題は奥深く個性的であり、安易で軽薄な連帯志向を語ることはそれぞれの問題の深刻さに対する冒瀆ともなる。しかし、個々の社会的課題が深刻でありその解決が望まれるからこそ、市民セクターはこれら三つの「社会的孤立」を克服することが必要ではないか。個々の社会的課題に相対し、かつ連帯して市民セクターが躍動する姿は、市民社会の創造にとっても大きな指標になるように思われる。そこから、市民セクターが目指すべき地平が展望され、市民セクターの次なる１０年の構想につながるのではないか。こうした問題意識から、ボランタリズム研究所は研究会の開催と研究誌の発行を通じて「市民セクターが挑む、社会的孤立の抑制・解消への道程」を明らかにしていくものである。

2016 年 10 月 4 日

大阪ボランティア協会 ボランタリズム研究所

運営委員会委員長　岡本　仁宏

市民セクターの次の１０年を考える研究会【第２幕】
「市民セクターが挑む、社会的孤立の抑制・解消への道程」開催記録

テーマ	日にち	モデレーター （研究所運営委員）
講師（実践者） 講師（研究者）		
第１回　子どもの貧困と孤立	2017 年１月 22 日（日曜日）	工藤宏司
徳丸ゆき子さん（ＮＰＯ法人ＣＰＡＯ 代表、大阪子どもの貧困アクショングループ 代表） 桜井智恵子さん（関西学院大学大学院 人間福祉研究科 教授）		
第２回　障害者をめぐる孤立	2017 年２月 11 日（土曜日）	藤井渉
みわよしこさん（フリーランス・ライター） 吉永純さん（花園大学 社会福祉学部 教授）		
第３回　高齢者をめぐる孤立	2017 年４月 23 日（日曜日）	牧口明
藤田孝典さん （特定非営利活動法人ほっとプラス 代表理事、聖学院大学 人間福祉学部 客員准教授） 牧里毎治さん（関西学院大学 名誉教授、関東学院大学 客員教授）		
第４回　LGBT をめぐる孤立	2017 年６月４日（日曜日）	永井美佳
近藤由香（コジ）さん （特定非営利活動法人 Queer＆Women's Resource Center 共同代表・理事） 東優子さん（大阪府立大学 教授）		
第５回　児童虐待をめぐる孤立	2017 年７月 23 日（日曜日）	藤井渉
宮口智恵さん（特定非営利活動法人チャイルド・リソース・センター 代表理事） 才村純さん（東京通信大学 人間福祉学部 教授）		
第６回　外国人をめぐる孤立	2017 年９月２日（土曜日）	永井美佳
村西優季さん（NGO 神戸外国人救援ネット 事務局） 田村太郎さん（一般財団法人ダイバーシティ研究所 代表理事）		
中間振り返りの会	2017 年 11 月 26 日（日曜日）	
【全体統括】岡本仁宏（関西学院大学）、【第１回】工藤宏司（大阪府立大学）、 【第２・５回】藤井渉（花園大学）、【第３回】牧口明（たかつき市民活動ネットワーク）、 【第４・６回】永井美佳（大阪ボランティア協会）		

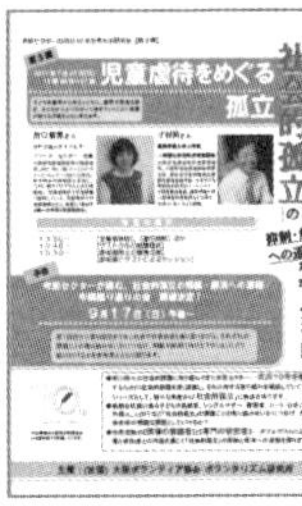

※第７回へ続く。内容は『ボランタリズム研究 第４号』に収録予定。

※講師の所属・肩書きは、2018 年８月現在のものを記載しております。

大阪ボランティア協会 ボランタリズム研究所のご案内

大阪ボランティア協会は、1965 年の発足以来ボランティア活動などの「市民参加」を基調としつつ、市民活動情報紙としての「月刊ボランティア」「ウォロ（Volo）」の発刊などのほか、市民活動に関する理論的研究の成果として 100 点以上の書籍を編集・発刊してきました。こうした中で新しい時代に対応するために、これらの機能の中から調査研究機能を特化し、2009 年に「ボランタリズム研究所」を開設しました。

本研究所は、以上のような当協会の伝統を継承しつつ、個人および組織のボランタリズムの思想・原理に依拠するボランティア活動あるいは市民活動は、21 世紀日本社会の平和、民主主義、市民社会のありかたを左右するであろうとの認識に立ち、また、国際的視野からも、日本の市民活動あるいはボランティア活動を支える原理や理念のさらなる追求と、それらの実践的プログラムの開発など理論的科学的な研究を推進したいと考えています。

■研究所の事業内容

研究所の事業内容は下記のような主な事業で構成します。

1）研究調査事業

①（ボランタリズムの原理の研究）ボランティア活動を含む市民活動の原理、すなわち個人および組織のボランタズムの研究

②（ボランティア活動、ＮＰＯの研究）ＮＰＯ、ボランティア活動などと政治、行政、企業あるいは文化との関係に関する実態的な調査・研究

③（ボランタリズムの歴史的研究）日本におけるボランタリズム－宗教、市民運動などに胚胎する市民活動の依って立つところの原理・精神－の歴史的な研究

④（ボランティア活動、ＮＰＯの開発研究）生起する福祉的・社会的課題に対応する新しいＮＰＯ、新しいボランティア活動などの展開に関する実践的・開発的研究

⑤（ボランタリズムの国際的比較研究）ボランタリズムに関する国際比較研究（東アジア、ヨーロッパ、米国などとの比較）など

2）研究誌などの発刊、上記研究成果の発信などの啓発事業

市民活動、ボランティア活動の原理・思想に関する研究誌、研究成果図書の発刊、研究発表の場や講演会の開催、ウェブサイトの活用など

3）研究図書・資料の整備

ボランティア活動、ＮＰＯなどの関する文献・資料の整備－などがあげられます。

本研究所の特徴としては、これらの事業推進のプロセスにおいて、研究課題ごとに「研究チーム」を設置するなど「研究における市民参加」を目指します。つまり、意欲ある研究者（大学などに所属）を核としつつ、ＮＰＯ等の現場で活躍する実践者、学生などに参加の門を広げるとともに、研究プロセスにおける相互関係を重視し、市民活動の深化と若い研究的な人材パワーの発掘・拡大化を図ります。

社会福祉法人大阪ボランティア協会ボランタリズム研究所

■社会福祉法人大阪ボランティア協会■

大阪ボランティア協会は、1965 年にわが国で初めて誕生したボランティア・市民活動総合支援センターです。

より公正で多様性を認め合う市民主体の社会をつくるため、多彩な市民活動を支援するとともに、他セクターとも協働して、市民セクターの拡充をめざすことをミッションとしています。

このミッション実現のために、①市民自治の確立、②創造的に社会を変えようとする人たちの支援と変革の実行、③市民の力が発揮されるための支援という 3 つの目標を掲げ、ボランティア 113 人と有給スタッフ 14 人の市民の手で運営しています。

創立 50 周年を迎えた 2015 年には「『ポスト 50 年』行動宣言」を発表し、そのなかで、「協会は、多様な主体による連携と市民参加の促進によって、社会問題解決のためのソーシャルイノベーションを起こします。これらを仕掛け、社会にうねりをつくり出すコーディネーション機関のモデルとなります。そのために、①「場づくり」（プラットフォームづくり）、②「参加の促進」（人材育成機能）、③「理論化」（仮説の創出と理論の生成）の 3 つの事項に取り組みます。」と宣言をしました。特に、「災害支援・防災」事業と「社会的孤立の抑制・解消」事業に力を入れており、多くの関係者と協働するマルチステークホルダー型で事業を進めています。

本研究誌は、この「行動宣言」の一環として発行するとともに、販売収益は当協会の貴重な運営資金となります。ぜひ、ご意見・ご感想など、お待ちしております。

ボランタリズム研究　第3号　The Journal of Voluntarism Reseach Vol.3
2018年12月27日発行
編　集　社会福祉法人 大阪ボランティア協会　ボランタリズム研究所
発　行　社会福祉法人 大阪ボランティア協会
〒540-0012　大阪府大阪市中央区谷町2丁目2-20 2F 市民活動スクエア『CANVAS谷町』
電話：06-6809-4901　FAX：06-6809-4902　email：office@osakavol.org
URL：http://www.osakavol.org/　振替：00930-8-40608

表紙デザイン：言葉工房
図デザイン・DTP：大阪ボランティア協会
印刷：株式会社プリントパック